和谐校园文化建设读本

孔孟箴言录

KONGMENGZHENYANLU

孙 丽/编写

吉林教育出版社

图书在版编目(CIP)数据

孔孟箴言录 / 孙丽编写. — 长春：吉林教育出版
社，2012.6（2018.2 重印）
（和谐校园文化建设读本）
ISBN 978－7－5383－8755－1

Ⅰ.①孔… Ⅱ.①孙… Ⅲ.①孔丘(前 551～前 479)
－箴言－青年读物②孟轲(前 390～前 305)－箴言－少年
读物 Ⅳ.①B222－49

中国版本图书馆 CIP 数据核字(2012)第 115975 号

孔孟箴言录　　　　　　　　　　　　　　　　　　孙　丽　编写

策划编辑　刘　军　　潘宏竹
责任编辑　庞　博　　　　　　　　　　　　**装帧设计**　王洪义

出版　吉林教育出版社(长春市同志街 1991 号　邮编 130021)
发行　吉林教育出版社
印刷　北京一鑫印务有限责任公司
开本　710 毫米×1000 毫米　1/16　　13 印张　　**字数**　165 千字
版次　2012 年 6 月第 1 版　2018 年 2 月第 2 次印刷
书号　ISBN 978－7－5383－8755－1
定价　39.80 元

编　委　会

主　　编：王世斌

执行主编：王保华

编委会成员：尹英俊　尹曾花　付晓霞
　　　　　　刘　军　刘桂琴　刘　静
　　　　　　张　瑜　庞　博　姜　磊
　　　　　　潘宏竹
　　　　　　（按姓氏笔画排序）

总 序

千秋基业，教育为本；源浚流畅，本固枝荣。

什么是校园文化？所谓"文化"是人类所创造的精神财富的总和，如文学、艺术、教育、科学等。而"校园文化"是人类所创造的一切精神财富在校园中的集中体现。"和谐校园文化建设"，贵在和谐，重在建设。

建设和谐的校园文化，就是要改变僵化死板的教学模式，要引导学生走出教室，走进自然，了解社会，感悟人生，逐步读懂人生、自然、社会这三部天书。

深化教育改革，加快教育发展，构建和谐校园文化，"路漫漫其修远兮"，奋斗正未有穷期。和谐校园文化建设的研究课题重大，意义重要，内涵丰富，是教育工作的一个永恒主题。和谐校园文化建设的实施方向正确，重点突出，是教育思想的根本转变和教育运行机制的全面更新。

我们出版的这套《和谐校园文化建设读本》，全书既有理论上的阐释，又有实践中的总结；既有学科领域的有益探索，又有教学管理方面的经验提炼；既有声情并茂的童年感悟，又有惟妙惟肖的机智幽默；既有古代哲人的至理名言，又有现代大师的谆谆教诲；既有自然科学各个领域的有趣知识，又有社会科学各个方面的启迪与感悟。笔触所及，涵盖了家庭教育、学校教育和社会教育的各个侧面以及教育教学工作的各个环节，全书立意深邃，观念新异，内容翔实，切合实际。

我们深信：广大中小学师生经过不平凡的奋斗历程，必将沐浴着时代的春风，吸吮着改革的甘露，认真地总结过去，正确地审视现在，科学地规划未来，以崭新的姿态向和谐校园文化建设的更高目标迈进。

让和谐校园文化之花灿然怒放！

本书编委会

目 录

上篇　孔子箴言录

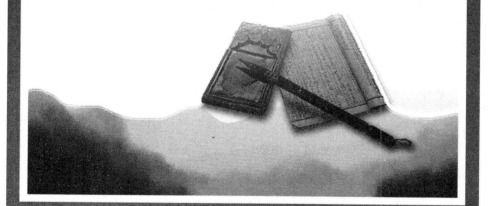

一、论人生

1. 信念　志向

子曰："三军①可夺帅也，匹夫②不可夺志也。"

——《论语·子罕》

【注】①三军：12500人为一军，三军包括大国所有的军队。②匹夫：平民百姓。

【译】孔子说："一国军队，有可能夺去它的主帅；一个普通人，却不能强迫他改变志向。"

志士仁人，无求生以害仁，有杀身以成仁。

——《卫灵公》

【译】志士仁人，不会因为求生而损害仁道，只有牺牲自己的性命来成全仁道。

君子可逝①也，不可陷②也；可欺也，不可罔也。

——《雍也》

【注】①逝：往。这里指到井边去看并设法救之。②陷：陷害。

【译】君子可以到井边去救，却不可以陷入井中；君子可能被欺骗，但不可能被迷惑。

朝闻道,夕死可矣。

——《里仁》

【译】早晨领悟了真理,晚上死去了也可以。

子曰:"君子谋道不谋食。耕也,馁^①在其中矣;学也,禄^②在其中矣。君子忧道不忧贫。"

——《卫灵公》

【注】①馁:饥饿。②禄:做官的俸禄。

【译】孔子说:"君子只谋求道义,不谋求饭食。耕田,也常要饿肚子;学习,可以得到俸禄。君子只担心道不能行,不担心贫穷。"

司马牛问君子。子曰:"君子不忧不惧。"曰:"不忧不惧,斯谓之君子已乎?"子曰:"内省不疚,夫何忧何惧?"

——《颜渊》

【译】司马牛问什么是君子。孔子说:"君子不忧愁,不恐惧。"司马牛说:"不忧愁,不恐惧,这样就可以叫做君子了吗?"孔子说:"反省自身不会因为有错而感到悔恨,那还有什么忧愁和恐惧呢?"

人能弘道,非道弘人。

——《卫灵公》

【译】人能发扬光大道,不是道能光大人。

苟志于仁矣,无恶也。

——《里仁》

【译】如果立志于仁,就不会再有邪恶了。

德不孤，必有邻。

——《里仁》

【译】有道德的人不会孤单，一定会有志同道合者和他做伴。

克己①复礼②为仁。一日克己复礼，天下归仁③焉。为仁由己，而由人乎哉？

——《颜渊》

【注】①克己：约束自己。②复礼：使自己的言行符合于礼的要求。③归仁：归，归顺。仁，即仁道。

【译】约束自己而遵守礼的规定就是仁。一旦能做到约束自己而遵守礼的规定，天下的一切就都归于仁了。实行仁德，完全在于自己，难道还在于别人吗？

子谓子夏曰："女为君子儒，无为小人儒。"

——《雍也》

【译】孔子对子夏说："你要做有修养的儒者，不要做没有修养的儒者。"

子路曰："愿闻子之志。"子曰："老者安之，朋友信之，少者怀之①。"

——《公冶长》

【注】①少者怀之：让少者得到关怀。

【译】子路向孔子说："愿意听听您的志向。"孔子说："（我的志向是）让年老的安心，让朋友们信任我，让年轻的子弟们得到关怀。"

子曰：“人无远虑，必有近忧。”

——《卫灵公》

【译】孔子说：“人没有长远的考虑，一定会有眼前的忧患。”

或曰：“以德报怨，何如？”子曰：“何以报德？以直报怨，以德报德。”

——《宪问》

【译】有人说：“用恩德来报答怨恨，怎么样？”孔子说：“用什么来报答恩德呢？应该是用正直来报答怨恨，用恩德来报答恩德。”

士不可以不弘毅，任重而道远。仁以为己任，不亦重乎？死而后已，不亦远乎？

——《泰伯》

【注】弘毅：刚强果断。

【译】士人不可以不刚强果断，因为他责任重大，路途遥远。把实现仁德作为自己的责任，难道还不重大吗？只到死才能停止，难道路程还不遥远吗？

求仁而得仁，又何怨？

——《述而》

【译】他们追求的是仁德，得到的就是仁德，又后悔什么呢？

仁远乎哉？我欲仁，斯仁至矣。

——《述而》

【译】仁德难道离我们很远吗？只要我想达到仁德的境界，仁德就会到来。

子曰："人之生也直，罔之生也幸而免。"

——《雍也》

【注】罔：诬罔不直的人。

【译】孔子说："一个人的生存是由于正直，不正直的人也能生存，是由于他侥幸地避免了灾祸。"

苗而不秀者有矣夫！秀而不实者有矣夫！

——《子罕》

【注】秀：稻、麦等庄稼吐穗扬花叫秀。

【译】庄稼出了苗而不能吐穗扬花的情况是有的吧！吐穗扬花而不结果实的情况也有吧！

吾十有①五而志于学，三十而立②，四十而不惑③，五十而知天命④，六十而耳顺⑤，七十而从心所欲不逾矩⑥。

——《为政》

【注】①有：同"又"。②立：站得住的意思。③不惑：掌握了知识，不被外界事物所迷惑。④天命：指不能为人力所支配的事情。⑤耳顺：对此有多种解释。一般而言，指对那些于己不利的意见也能正确对待。⑥从心所欲不逾矩：从，遵从的意思；逾，越过；矩，规矩。

【译】我十五岁立志于学习；三十岁能依照礼仪的要求立足于世；四

十岁能不被外界事物所迷惑；五十岁懂得了天命；六十岁能听进各种不同的意见；七十岁能随心所欲地行事，而又从不超出规矩。

其为人也，发愤忘食，乐以忘忧，不知老之将至云尔①。

——《述而》

【注】①云尔：云，代词，如此的意思。尔同耳，而已，罢了。

【译】他的为人呀，发愤用功，连吃饭都忘了，快乐得把一切忧虑都忘了，连自己快要老了都不知道，如此而已。

述而不作①，信而好古，窃②比于我老彭③。

——《述而》

【注】①述而不作：述，传述。作，创造。②窃：私，私自，私下。③老彭：人名，但究竟指谁，学术界说法不一。有的说是殷商时代一位"好述古事"的"贤大夫"；有的说是老子和彭祖两个人，有的说是殷商时代的彭祖。

【译】只阐述而不创作，相信而且喜好古代的文化，我私下把自己比作老彭。

如有用我者，吾其为东周乎？

——《阳货》

【译】如果有人用我，我就要在东方复兴周的世道。

子在川上曰："逝者如斯夫，不舍昼夜。"

——《子罕》

【译】孔子在河边说："消逝的时光就像这河水一样啊,不分昼夜地向前流去。"

子欲居九夷①。或曰:"陋②,如之何?"子曰:"君子居之,何陋之有?"

——《子罕》

【注】①九夷:中国古代对于东方少数民族的通称。②陋:简陋。

【译】孔子想要搬到九夷地方去居住。有人说:"那地方太简陋了,怎么能住呢?"孔子说:"君子住的地方,怎么会简陋呢?"

子曰:"道不行,乘桴①浮于海。"

——《公冶长》

【注】①桴:用来过河的木筏子。

【译】孔子说:"如果我的主张行不通,我就乘上木筏子到海外去。"

子曰:"谁能出不由户,何莫由斯道也?"

——《雍也》

【译】孔子说:"谁能够出屋而不经过门呢?为什么没有人遵循我提倡的仁道呢?"

子曰:"莫我知也夫!"子贡曰:"何为其莫知子也?"子曰:"不怨天,不尤①人。下学而上达②,知我者其天乎!"

——《宪问》

【注】①尤:责怪、怨恨。②下学而上达:不懈地学习,上通于天命。

【译】孔子说："没有人了解我啊！"子贡说："怎么能说没有人了解您呢？"孔子说："我不埋怨天，也不责备人，不懈地学习，上通于天命，了解我的只有天吧！"

天生德于予，桓魋^①其如予何？

——《述而》

【注】①桓魋：魋，任宋国主管军事行政的官——司马，是宋桓公的后代。

【译】上天把道德赋予了我，桓魋能把我怎么样呢？

道之将行也与，命也；道之将废也与，命也。公伯寮其如命何？

——《宪问》

【译】道能够得到推行，是天命决定的；道不能得到推行，也是天命决定的。公伯寮能把天命怎么样呢？

天何言哉？四时行焉，百物生焉，天何言哉？

——《阳货》

【译】天何尝说话呢？四季照常运行，百物照样生长。天说了什么话呢？

获罪于天^①，无所祷也。

——《八佾》

【注】①天：以天喻君，一说天即理。

【译】如果得罪了天，那就没有地方可以祷告了。

祭如在,祭神如神在。子曰:"吾不与祭,如不祭。"

——《八佾》

【译】祭祀祖先就像祖先真在面前,祭神就像神真在面前。孔子说:"我如果不亲自参加祭祀,那就和没有举行祭祀一样。"

季路问事鬼神。子曰:"未能事人,焉能事鬼?"曰:"敢问死。"曰:"未知生,焉知死?"

——《先进》

【译】季路问怎样去侍奉鬼神。孔子说:"没能侍奉好人,怎么能侍奉鬼呢?"季路说:"请问死是怎么回事?"(孔子回答)说:"还不知道活着的道理,怎么能知道死呢?"

2. 人格 品行

唯上知与下愚不移。

——《阳货》

【译】只有上等的智者与下等的愚者是改变不了的。

性相近也,习相远也。

——《阳货》

【译】人的本性是相近的,由于习染不同才相互有了差别。

生而知之者,上也;学而知之者,次也;困而学之,又其次也;困而不学,民斯为下矣。

——《季氏》

【译】生来就知道的人,是上等人;经过学习以后才知道的,是次一等的人;遇到困难再去学习的,是又次一等的人;遇到困难还不学习的人,这种人就是下等的人了。

君子不可小知①而可大受②也,小人不可大受而可小知也。

——《卫灵公》

【注】①小知:知,作为的意思,做小事情。②大受:受,责任,使命的意思,承担大任。

【译】君子不能让他们做那些小事,但可以让他们承担重大的使命。小人不能让他们承担重大的使命,但可以让他们做那些小事。

君子学道则爱人,小人学道则易使也。

——《阳货》

【译】君子学习了礼乐就能爱人,小人学习了礼乐就容易役使。

子路曰:"君子尚勇乎?"子曰:"君子义以为上。君子有勇而无义为乱,小人有勇而无义为盗。"

——《阳货》

【译】子路说:"君子崇尚勇敢吗?"孔子答道:"君子认为义是最可贵的。君子有勇无义就会作乱,小人有勇无义就会偷盗。"

君子上达,小人下达。

——《宪问》

【译】君子向上通达仁义,小人向下通达财利。

君子而不仁者有矣夫,未有小人而仁者也。

——《宪问》

【译】君子中没有仁德的人是有的,而小人中有仁德的人是没有的。

不逆①诈,不亿②不信,抑亦先觉者,是贤乎!

——《宪问》

【注】①逆:迎,预先猜测。②亿:同"臆",猜测的意思。

【译】孔子说:"不预先怀疑别人欺诈,也不猜测别人不诚实,然而能事先觉察别人的欺诈和不诚实,这就是贤人了。"

唯仁者能好①人,能恶②人。

——《里仁》

【注】①好:喜爱的意思。作动词。②恶:憎恶、讨厌。作动词。

【译】只有有仁德的人才能够正确的喜爱人,或厌恶人。

中人以上,可以语上也;中人以下,不可以语上也。

——《雍也》

【译】具有中等以上才智的人,可以给他讲授高深的学问;在中等水平以下的人,不可以给他讲高深的学问。

唯女子与小人难养也，近之则不孙，远之则怨。

——《阳货》

【译】只有女子和小人是难以教养的，亲近他们，他们就会无礼，疏远他们，他们就会报怨。

有德者必有言，有言者不必有德。仁者必有勇，勇者不必有仁。

——《宪问》

【译】有道德的人一定有善言，有善言的人不一定有道德。有仁德的人一定勇敢，勇敢的人都不一定有仁德。

年四十而见恶焉，其终也已。

——《阳货》

【译】到了四十岁的时候还被人所厌恶，他这一生也就终结了。

道不同，不相为谋。

——《卫灵公》

【译】主张不同，不互相商议。

骥^①不称其力，称其德也。

——《宪问》

【注】①骥：千里马。古代称善跑的马为骥。

【译】名马值得称赞的不是它的气力，而是称赞它的品德。

3. 功名　利益

富与贵,是人之所欲也,不以其道得之,不处也;贫与贱,是人之所恶也,不以其道得之,不去也。君子去仁,恶乎成名?君子无终食之间违仁,造次必于是,颠沛必于是。

——《里仁》

【译】富裕和显贵是人人都想要得到的,但不用正当的方法得到它,就不会去享受的;贫穷与低贱是人人都厌恶的,但不用正当的方法去摆脱它,就不会摆脱的。君子如果离开了仁德,又怎么能叫君子呢?君子没有一顿饭的时间背离仁德的,就是在最紧迫的时刻也必须按照仁德办事,就是在颠沛流离的时候,也一定会按仁德去办事的。

士志于道,而耻恶衣恶食者,未足与议也。

——《里仁》

【译】士人立志追求真理,但又以自己吃穿得不好为耻辱,对这种人,是不值得与他共谋大事的。

饭疏食①、饮水,曲肱②而枕之,乐亦在其中矣!不义而富且贵,于我如浮云。

——《述而》

【注】①饭疏食:饭,这里是"吃"的意思,作动词。疏食即粗粮。②曲肱:肱,胳膊,由肩至肘的部位。曲肱,即弯着胳膊。

【译】吃粗粮，喝白水，弯着胳膊当枕头，乐趣也就在这中间了。用不正当的手段得来的富贵，对于我来讲就像是天上的浮云一样。

富①而可求②也；虽执鞭之士③，吾亦为之。如不可求，从吾所好。

——《述而》

【注】①富：指升官发财。②求：指合于道，可以去求。③执鞭之士：古代为天子、诸侯和官员出入时手执皮鞭开路的人。意思指地位低下的职事。

【译】如果富贵合乎于道就可以去追求，虽然是给人执鞭的下等差事，我也愿意去做。如果富贵不合于道就不必去追求，那就还是按我的爱好去干事。

君子疾没世①而名不称焉。

——《卫灵公》

【注】①没世：死亡之后。

【译】君子担心死亡以后他的名字不为人们所称颂。

君子喻于义，小人喻于利。

——《里仁》

【译】君子明白大义，小人只知道小利。

邦有道，谷①；邦无道，谷，耻也。

——《宪问》

【注】①谷：这里指做官者的俸禄。

【译】国家有道，做官拿俸禄；国家无道，还做官拿俸禄，这就是可耻。

三年学,不至于谷①,不易得也。

——《泰伯》

【注】①谷:古代以谷作为官吏的俸禄,这里用"谷"字代表做官。不至于谷,即做不了官。

【译】读书三年,还没有当官受禄的念头,这是难得的。

天下有道则见,无道则隐。邦有道,贫且贱焉,耻也;邦无道,富且贵焉,耻也。

——《泰伯》

【译】天下有道就出来做官;天下无道就隐居不出。国家有道而自己贫贱,是耻辱;国家无道而自己富贵,也是耻辱。

君子之仕也,行其义也。

——《微子》

【译】君子做官,只是为了实行君臣之义。

佛肸①召,子欲往。子路曰:"昔者由也闻诸夫子曰:'亲于其身为不善者,君子不入也。'佛肸以中牟②畔,子之往也,如之何?"子曰:"然,有是言也。不曰坚乎,磨而不磷③;不曰白乎,涅④而不缁⑤。吾岂匏瓜⑥也哉?焉能系⑦而不食?"

——《阳货》

【注】①佛肸:晋国大夫范氏家臣,中牟城地方官。②中牟:地名,在晋国,约在今河北邢台与邯郸之间。③磷:损伤。④涅:一种矿物质,可用作

颜料染衣服。⑤缁:黑色。⑥匏瓜:葫芦中的一种,味苦不能吃。⑦系:结,扣。

【译】佛肸召孔子去,孔子打算前往,子路说:"从前我听先生说过:'亲自做坏事的人那里,君子是不去的。'现在佛肸据中牟反叛,你却要去,这如何解释呢?"孔子说:"是的,我有过这样的话。不是说坚硬的东西磨也磨不坏吗?不是说洁白的东西染也染不黑吗?我难道是个苦味的葫芦吗?怎么能只挂在那里而不给人吃呢?"

好勇疾①贫,乱也。

——《泰伯》

【注】①疾:恨、憎恨。

【译】喜好勇敢而又恨自己太穷困,就会犯上作乱。

君子哉蘧伯玉! 邦有道,则仕;邦无道,则可卷而怀之。

——《卫灵公》

【译】蘧伯玉也真是一位君子啊! 国家有道就出来做官,国家无道就(辞退官职)把自己的主张收藏在心里。

见利思义,见危授命,久要①不忘平生之言,亦可以为成人矣。

——《宪问》

【注】①久要:长久处于穷困中。

【译】见到财利想到义的要求,遇到危险能献出生命,长久处于穷困还不忘平日的誓言,这样也可以成为一位完美的人。

管仲相桓公，霸诸侯，一匡天下，民到于今受其赐。微①管仲，吾其被发左衽②矣。岂若匹夫匹妇之为谅③也，自经④于沟渎⑤而莫之知也。

——《宪问》

【注】①微：无，没有。②被发左衽：被，同"披"。衽，衣襟。"被发左衽"是当时的夷狄之俗。③谅：遵守信用。这里指小节小信。④自经：上吊自杀。⑤渎：小沟渠。

【译】管仲辅佐齐桓公，称霸诸侯，匡正了天下，老百姓到了今天还享受到他的好处。如果没有管仲，恐怕我们也要披散着头发，衣襟向左开了。难道要让管仲像普通男女那样拘泥于小信，自杀在沟渠之中而没有人晓得吗？

子贡曰："有美玉于斯，韫椟①而藏诸？求善贾②而沽诸？"子曰："沽之哉，沽③之哉！我待贾者也。"

——《子罕》

【注】①韫椟：收藏物件的柜子。②善贾：识货的商人。③沽：卖出去。

【译】子贡说："这里有一块美玉，是把它收藏在柜子里呢？还是找一个识货的商人卖掉呢？"孔子说："卖掉吧，卖掉吧！我正在等着识货的人呢。"

二、论修养

1. 道德　修养

躬自厚而薄责于人,则远怨矣。

——《卫灵公》

【译】孔子说:"多责备自己而少责备别人,那就可以避免别人的怨恨了。"

夫仁者,已欲立而立人,已欲达而达人。能近取譬,可谓仁之方也已。

——《雍也》

【译】至于仁人,就是要想自己站得住,也要帮助人家一同站得住;要想自己过得好,也要帮助人家一同过得好。凡事能就近以自己作比,而推己及人,可以说就是实行仁的方法了。

人而不仁,如礼何? 人而不仁,如乐何?

——《八佾》

【译】一个人没有仁德,他怎么能实行礼呢? 一个人没有仁德,他怎么能运用乐呢?

巧言令色①,鲜②仁矣。

——《学而》

【注】①巧言令色：朱熹注曰："好其言，善其色，致饰于外，务以说人。"巧和令都是美好的意思。但此处应释为装出和颜悦色的样子。②鲜：少的意思。

【译】花言巧语，装出和颜悦色的样子，这种人的仁心就很少了。

巧言、令色、足恭①，左丘明耻之，丘亦耻之。匿怨而友其人，左丘明耻之，丘亦耻之。

——《公冶长》

【注】①足恭：一说是两只脚做出恭敬逢迎的姿态来讨好别人；另一说是过分恭敬。这里采用后说。左丘明：姓左丘名明，鲁国人，相传是《左传》一书的作者。

【译】花言巧语，装出好看的脸色，摆出逢迎的姿式，低三下四地过分恭敬，左丘明认为这种人可耻，我也认为可耻。把怨恨装在心里，表面上却装出友好的样子，左丘明认为这种人可耻，我也认为可耻。

君子病无能焉，不病人之不己知也。

——《卫灵公》

【译】君子只怕自己没有才能，不怕别人不知道自己。

不患无位，患所以立；不患莫己知，求为可知也。

——《里仁》

【译】不怕没有官位，就怕自己没有学到赖以站得住脚的东西。不怕没有人知道自己，只求自己成为有真才实学值得为人们知道的人。

不患人之不己知,患其不能也。

——《宪问》

【译】不忧虑别人不知道自己,只担心自己没有本事。

主忠信,徙义,崇德①也。爱之欲其生,恶之欲其死,既欲其生,又欲其死,是惑②也。

——《颜渊》

【注】①崇德:提高道德修养的水平。②惑:迷惑,不分是非。

【译】以忠信为主,使自己的思想合于义,这就是提高道德修养水平了。爱一个人就希望他活下去,厌恶起来就恨不得他立刻死去,既要他活,又要他死,这就是迷惑。

君子无所争,必也射①乎!揖②让而升,下而饮,其争也君子。

——《八佾》

【注】①射:原意为射箭。此处指古代的射礼。②揖:拱手行礼,表示尊敬。

【译】君子没有什么可与别人争的事情。如果有的话,那就是射箭比赛了。比赛时,先相互作揖谦让,然后上场。射完后,又相互作揖再退下来,然后登堂喝酒。这就是君子之争。

子贡问君子。子曰:"先行其言而后从之。"

——《为政》

【译】子贡问怎样做一个君子。孔子说:"对于你要说的话,先实行了,再说出来(这就够说是一个君子了)。"

法语之言①,能无从乎?改之为贵。巽与之言②,能无说乎?绎之为贵。说而不绎③,从而不改,吾末④如之何也已矣。

——《子罕》

【注】①法语之言:法,指礼仪规则。这里指以礼法规则正言规劝。②巽与之言:巽,恭顺,谦逊。与,称许,赞许。这里指恭顺赞许的话。③绎:原义为"抽丝",这里指推究,追求,分析,鉴别。④末:没有。

【译】符合礼法的正言规劝,谁能不听从呢?但(只有按它来)改正自己的错误才是可贵的。恭顺赞许的话,谁能听了不高兴呢?但只有认真推究它(的真伪是非),才是可贵的。只是高兴而不去分析,只是表示听从而不改正错误,(对这样的人)我拿他实在是没有办法了。

丘也幸,苟有过,人必知之。

——《述而》

【译】我孔丘真是幸运,一旦有了过错,人家一定会知道。

君子之过也,如日月之食焉。过也,人皆见之;更也,人皆仰之。

——《子张》

【译】君子的过错好比日月蚀。他犯过错,人们都看得见;他改正过错,人们都仰望着他。

见贤思齐焉,见不贤而内自省也。

【译】见到贤人，就应该向他学习、看齐，见到不贤的人，就应该自我反省（自己有没有与他相类似的错误）。

子曰："宁武子①，邦有道则知，邦无道则愚②，其知可及也，其愚不可及也。"

——《公冶长》

【注】①宁武子：姓宁名俞，卫国大夫，"武"是他的谥号。②愚：这里是装傻的意思。

【译】孔子说："宁武子这个人，当国家有道时，他就显得聪明，当国家无道时，他就装傻。他的那种聪明别人可以做得到，他的那种装傻别人就做不到了。"

博学而笃志①，切问②而近思，仁在其中矣。

——《子张》

【注】①笃志：志，意为"识"，此为强记之义。②切问：问与切身有关的问题。

【译】博览群书广泛学习而已记得牢固，就与切身有关的问题提出疑问并且去思考，仁就在其中了。

德之不修，学之不讲，闻义不能徙①，不善不能改，是吾忧也。

——《述而》

【注】①徙：迁移。此处指靠近义、做到义。

【译】(许多人)对品德不去修养，学问不去讲求，听到义不能去做，有了不善的事不能改正，这些都是我所忧虑的事情。

里仁为美①，择不处②仁，焉得知？

——《里仁》

【注】①里仁为美：里，住处，借作动词用。住在有仁者的地方才好。②处：居住。

【译】跟有仁德的人住在一起，才是好的。如果你选择的住处不是跟有仁德的人在一起，怎么能说你是明智的呢？

君子博学于文，约①之以礼，亦可以弗畔②矣夫③。

——《雍也》

【注】①约：一种释为约束；一种释为简要。②畔：同"叛"。③矣夫：语气词，表示较强烈的感叹。

【译】君子广泛地学习古代的文化典籍，又以礼来约束自己，也就可以不离经叛道了。

子绝四：毋意①，毋必②，毋固③，毋我④。

——《子罕》

【注】①意：同臆，猜想、猜疑。②必：必定。③固：固执己见。④我：这里指自私之心。

【译】孔子杜绝了四种弊病：没有主观猜疑，没有定要实现的期望，没有固执己见之举,没有自私之心。

子曰:"论笃是与^①,君子者乎? 色庄者乎?"

——《先进》

【注】①论笃是与:论,言论。笃,诚恳。与,赞许。意思是对说话笃实诚恳的人表示赞许

【译】孔子说:"听到人议论笃实诚恳就表示赞许,但还应看他是真君子呢? 还是伪装庄重的人呢?"

仁者先难而后获,可谓仁矣。

——《雍也》

【译】仁人对难做的事,做在人前面,有收获的结果,他得在人后,这可以说是仁了。

贤者辟^①世,其次辟地,其次辟色,其次辟言。

——《宪问》

【注】①辟:同"避",逃避。

【译】贤人逃避动荡的社会而隐居,次一等的逃避到另外一个地方去,再次一点的逃避别人难看的脸色,再次一点的回避别人难听的话。

不在其位;不谋其政。

——《泰伯》

【译】不在那个职位上,就不要考虑那职位上的事。

君子求诸已,小人求诸人。

——《卫灵公》

【译】君子求之于自己,小人求之于别人。

见善如不及,见不善如探汤。吾见其人矣,吾闻其语矣。隐居以求其志,行义以达其道。吾闻其语矣,未见其人也。

——《季氏》

【译】看到善良的行为,就担心达不到,看到不善良的行动,就好像把手伸到开水中一样赶快避开。我见到过这样的人,也听到过这样的话。以隐居避世来保全自己的志向,依照义而贯彻自己的主张。我听到过这种话,却没有见到过这样的人。

过而不改,是谓过矣。

——《卫灵公》

【译】有了过错而不改正,这才真叫错了。

吾未见好德如好色者也。

——《子罕》

【译】我没有见过追求道德像追求女色一样努力的人。

知者不惑,仁者不忧,勇者不惧。

——《子罕》

【译】聪明人不会迷惑，有仁德的人不会忧愁，勇敢的人不会畏惧。

如有周公之才之美，使骄且吝，其余不足观也已。

——《泰伯》

【译】（一个在上位的君主）即使有周公那样美好的才能，如果骄傲自大而又吝啬小气，那其他方面也就不值得一看了。

贤哉！回也。一箪①食，一瓢饮，在陋巷②。人不堪其忧，回也不改其乐③。贤哉！回也。

——《雍也》

【注】①箪：古代盛饭用的竹器。②巷：此处指颜回的住处。③乐：乐于学。

【译】有贤德啊！颜回这个人。一箪饭，一瓢水，住在简陋的小屋里。别人都忍受不了这种穷困清苦，颜回却没有改变他好学的乐趣。有贤德啊！颜回这个人。

子曰："质①胜文②则野③，文胜质则史④。文质彬彬⑤，然后君子。"

——《雍也》

【注】①质：朴实、自然，无修饰的。②文：文采，经过修饰的。③野：此处指粗鲁、鄙野，缺乏文采。④史：言词华丽，这里有虚伪、浮夸的意思。⑤彬彬：指文与质的配合很恰当

【译】孔子说："质朴多于文采，显得粗俗；文采多于质朴，就显得虚伪、浮夸。质朴和文采配合恰当，才是个君子。"

知者乐水,仁者乐山①;知者动,仁者静;知者乐,仁者寿。

——《雍也》

【注】①知者乐水,仁者乐山:"知",同"智";乐,喜爱的意思。

【译】聪明人喜爱水,有仁德者喜爱山;聪明人活动,仁德者沉静。聪明人快乐,有仁德者长寿。

子曰:"已矣乎! 吾未见能见其过而内自讼者也。"

——《公冶长》

【译】孔子说:"完了! 我还没有看见过能够看到自己的错误而又能从内心责备自己的人。"

君子怀德,小人怀①土②;君子怀刑③,小人怀惠。

——《里仁》

【注】①怀:思念。②土:乡土。③刑:法制惩罚。

【译】君子关心的是道德,小人关心的是乡土;君子关心的是法制,小人关心的是恩惠。

非其鬼①而祭之,谄②也。见义③不为,无勇也。

——《为政》

【注】①鬼:有两种解释:一是指鬼神,二是指死去的祖先。这里泛指鬼神。②谄:谄媚、阿谀。③义:人应该做的事就是义。

【译】不是你应该祭的鬼神,你却去祭它,这就是谄媚。见到应该挺身而出的事情,却袖手旁观,这就是没胆量。

人而无信,不知其可也。大车无輗①,小车无軏②,其何以行之哉?

——《为政》

【注】①輗:古代大车车辕前面横木上的木销子。大车指的是牛车。②軏:古代小车车辕前面横木上的木销子。没有輗和軏,车就不能走。

【译】一个人不讲信用,是根本不可以的。就好像大车没有輗、小车没有軏一样,它靠什么行走呢?

君子不器①。

——《为政》

【注】①器:器具。

【译】君子不像器具那样(只有单一的用途)。

君子坦荡荡①,小人长戚戚②。

——《述而》

【注】①坦荡荡:心胸宽广、开阔、容忍。②长戚戚:经常忧愁、烦恼的样子。

【译】君子心胸宽广,小人经常忧愁。

奢则不孙①,俭则固②。与其不孙也,宁固。

——《述而》

【注】①不孙:不谦让。②固:简陋、鄙陋。这里是寒酸的意思。

【译】奢侈了就会不谦让,节俭了就会寒酸。与其不谦让,宁可寒酸。

中庸①之为德也，其至矣乎！民鲜久矣。

——《雍也》

【注】①中庸：中，谓之无过无不及。庸，平常。

【译】中庸作为一种道德，该是最高的了吧！人们缺少这种道德已经为时很久了。

子张问善人①之道，子曰："不践迹②，亦不入于室③。"

——《先进》

【注】①善人：指本质善良但没有经过学习的人。②践迹：迹，脚印。踩着前人的脚印走。③入于室：比喻学问和修养达到了精深地步。

【译】子张问做善人的方法。孔子说："如果不沿着前人的脚印走，其学问和修养就不到家。"

叶公语孔子曰："吾党①有直躬者②，其父攘羊③，而子证④之。"孔子曰："吾党之直者异于是：父为子隐，子为父隐，直在其中矣。"

——《子路》

【注】①党：乡党，古代以五百户为一党。②直躬者：正直的人。③攘羊：偷羊。④证：告发

【译】叶公告诉孔子说："我的家乡有个正直的人，他的父亲偷了人家的羊，他告发了父亲。"孔子说："我家乡的正直的人和你讲的正直人不一样：父亲为儿子隐瞒，儿子为父亲隐瞒。正直就在其中了。"

己所不欲,勿施于人。

——《颜渊》

【译文】自己不愿意要的,不要强加于别人。

先事后得①,非崇德与? 攻其恶,无攻人之恶,非修慝②与? 一朝之忿③,忘其身,以及其亲,非惑与?

——《颜渊》

【注】①先事后得:先致力于事,把利禄放在后面。②修慝:慝,邪恶的念头。修,改正。这里是指改正邪恶的念头。③忿:忿怒,气愤。

【译】先努力致力于事,然后才有所收获,不就是提高品德了吗? 检讨自己的邪念了吗? 由于一时的气愤,就忘记了自身的安危,以至于牵连自己的亲人,这不就是迷惑吗?

君子成人之美,不成人之恶。小人反是。

——《颜渊》

【译】君子成全别人的好事,而不助长别人的恶处。小人则与此相反。

樊迟问仁。子曰:“居处恭,执事敬,与人忠。虽之夷狄,不可弃也。”

——《子路》

【译】樊迟问怎样才是仁。孔子说:“平常在家规规矩矩,办事严肃认真,待人忠心诚意。即使到了夷狄之地,也不可背弃。”

子贡问曰："何如斯可谓之士①矣？"子曰："行已有耻，使于四方，不辱君命，可谓士矣。"曰："敢问其次。"曰："宗族称孝焉，乡党称弟焉。"曰"敢问其次。"曰："言必信，行必果②，硁硁③然小人哉！抑亦可以为次矣。"曰："今之从政者何如？"子曰："噫！斗筲之人④，何足算也？"

——《子路》

【注】①士：士在周代贵族中位于最低层。此后，士成为古代社会知识分子的通称。②果：果断、坚决。③硁硁：象声词，敲击石头的声音。这里引申为像石块那样坚硬。④斗筲之人：筲，竹器，容一斗二升。比喻器量狭小的人。

【译文】子贡问道："怎样才可以叫做士？"孔子说："自己在做事时有知耻之心，出使外国各方，能够完成君主交付的使命，可以叫做士。"子贡说："请问次一等的呢？"孔子说："宗族中的人称赞他孝顺父母，乡党们称他尊敬兄长。"子贡又问："请问再次一等的呢？"孔子说："说到一定做到，做事一定坚持到底，不问是非地固执己见，那是小人啊。但也可以说是再次一等的士了。"子贡说："现在的执政者，您看怎么样？"孔子说："唉！这些器量狭小的人，哪里能数得上呢？"

君子泰而不骄，小人骄而不泰。

——《子路》

【译】孔子说："君子安静坦然而不傲慢无礼，小人傲慢无礼而不安静坦然。"

子曰:"刚、毅、木、讷近仁。"

——《子路》

【译文】孔子说:"刚强、果敢、朴实、谨慎,这四种品德接近于仁。"

贫而无怨难,富而无骄易。

——《宪问》

【译】贫穷而能够没有怨恨是很难做到的,富裕而不骄傲是容易做到的。

子曰:"君子道者三,我无能焉:仁者不忧,知者不惑,勇者不惧。"

——《宪问》

【译】孔子说:"君子之道有三个方面,我都未能做到:仁德的人不忧愁,聪明的人不迷惑,勇敢的人不畏惧。"

知及之①,仁不能守之,虽得之,必失之。

——《卫灵公》

【注】①知及之:知,同"智"。之,一说是指百姓,一说是指国家。此处我们认为指禄位和国家天下。

【译】凭借聪明才智足以得到它,但仁德不能保持它,即使得到,也一定会丧失。

君子贞①而不谅②。

——《卫灵公》

【注】①贞：一说是"正"的意思，一说是"大信"的意思。这里选用"正"的说法。②谅：信，守信用。

【译】君子固守正道，而不拘泥于小信。

益者三乐，损者三乐。乐节礼乐①，乐道人之善，乐多贤友，益矣。乐骄乐②，乐佚③游，乐晏乐④，损矣。

——《季氏》

【注】①节礼乐：孔子主张用礼乐来节制人。②骄乐：骄纵不知节制的乐。③佚：同"逸"。④晏乐：沉溺于宴饮取乐。

【译】有益的喜好有三种，有害的喜好有三种。以礼乐调节自己为喜好，以称道别人的好处为喜好，以有许多贤德之友为喜好，这是有益的。喜好骄傲，喜欢闲游，喜欢大吃大喝，这就是有害的。

孔子曰："侍于君子有三愆①：言未及之而言谓之躁，言及之而不言谓之隐，未见颜色而言谓之瞽②。"

——《季氏》

【注】①愆：过失。②瞽：盲人。

【译】孔子说："侍奉在君子旁边陪他说话，要注意避免犯三种过失：还没有问到你的时候就说话，这是急躁；已经问到你的时候你却不说，这叫隐瞒；不看君子的脸色而贸然说话，这是瞎子。"

孔子曰："君子有三畏：畏天命，畏大人，畏圣人之言。小人不知天命而不畏也，狎大人，侮圣人之言。"

——《季氏》

【译】孔子说："君子有三件敬畏的事情：敬畏天命，敬畏地位高贵的人，敬畏圣人的话，小人不懂得天命，因而也不敬畏，不尊重地位高贵的人，轻侮圣人之言。"

君子有九思：视思明，听思聪，色思温，貌思恭，言思忠，事思敬，疑思问，忿思难，见得思义。

——《季氏》

【译】君子有九种要思考的事：看的时候，要思考看清与否；听的时候，要思考是否听清楚；自己的脸色，要思考是否温和，容貌要思考是否谦恭；言谈的时候，要思考是否忠诚；办事要思考是否谨慎严肃；遇到疑问，要思考是否应该向别人询问；忿怒时，要思考是否有后患；获取财利时，要思考是否合乎义的准则。

色厉而内荏①，譬诸小人，其犹穿窬②之盗也与？

——《阳货》

【注】①色厉内荏：厉，威严，荏，虚弱。外表严厉而内心虚弱。②窬：洞。
【译】外表严厉而内心虚弱，以小人作比喻，就像是挖墙洞的小偷吧？

乡原，德之贼也。

——《阳货》

【译】乡原（同愿）是败坏道德的人。

鄙夫可与事君也与哉？其未得之也，患得之。既得之，患失之。苟患失之，无所不至矣。

——《阳货》

【译】可以和一个鄙夫一起事奉君主吗？他在没有得到官位时，总担心得不到。已经得到了，又怕失去它。如果他担心失掉官职，那他就什么事都干得出来了。

子贡曰："君子亦有恶乎？"子曰："有恶。恶称人之恶者，恶居下流而讪上者，恶勇而无礼者，恶果敢而窒者。"曰："赐也亦有恶乎？""恶徼以为知者，恶不孙以为勇者，恶讦以为直者。"

——《阳货》

【注】①恶：厌恶。②下流：下等的，在下的。③讪：诽谤。④窒：阻塞，不通事理，顽固不化。⑤徼：窃取，抄袭。⑥知：同"智"。⑦孙：同"逊"。⑧讦：攻击、揭发别人。

【译】子贡说："君子也有厌恶的事吗？"孔子说："有厌恶的事。厌恶宣扬别人坏处的人，厌恶身居下位而诽谤在上者的人，厌恶勇敢而不懂礼节的人，厌恶固执而又不通事理的人。"孔子又说："赐，你也有厌恶的事吗？"子贡说："厌恶抄袭别人的成绩而作为自己的知识的人，厌恶把不谦虚当做勇敢的人，厌恶揭发别人的隐私而自以为直率的人。"

樊迟问仁。子曰："爱人。"问知。子曰："知人。"

——《颜渊》

【译】樊迟问什么是仁。孔子说："爱人。"樊迟问什么是智,孔子说："了解人。"

不知命,无以为君子也;不知礼,无以立也;不知信,无以知人也。

——《尧曰》

【译】不懂得天命,就不能做君子;不知道礼仪,就不能立身处世;不善于分辨别人的话语,就不能真正了解他。

君子固穷①,小人穷斯滥矣。

——《卫灵公》

【注】①固穷:固守穷困,安守穷困。

【译】君子虽然穷困,但还是坚持着;小人一遇穷困就无所不为了。

士而怀居①,不足以为士矣。

——《宪问》

【注】①怀居:怀,思念,留恋。居,家居。指留恋家居的安逸生活。

【译】士如果留恋家庭的安逸生活,就不配做士了。

"克、伐①、怨、欲不行焉,可以为仁矣?"子曰:"可以为难矣,仁则吾不知也。"

——《宪问》

【注】①伐:自夸。

【译】"好胜、自夸、怨恨、贪欲都没有的人,可以算做到仁了吧?"孔子说:"这可以说是很难得的,但至于是不是做到了仁,那我就不知道了。"

子张问:"士何如斯可谓之达①矣?"子曰:"何哉,尔所谓达者?"子张对曰:"在邦必闻②,在家必闻。"子曰:"是闻也,非达也。夫达也者,质直而好义,察言而观色,虑以下人③。在邦必达,在家必达。夫闻也者,色取仁而行违,居之不疑。在邦必闻,在家必闻。"

——《颜渊》

【注】①达:通达,显达。②闻:有名望。③下人:下,动词。对人谦恭有礼。

【译】子张问:"士怎样才可以叫做通达?"孔子说:"你说的通达是什么意思?"子张答道:"在国君的朝廷里必定有名望,在大夫的封地里也必定有名声。"孔子说:"这只是虚假的名声,不是通达。所谓达,那是要品质正直,遵从礼义,善于揣摩别人的话语,观察别人的脸色,经常想着谦恭待人。这样的人,就可以在国君的朝廷和大夫的封地里通达。至于有虚假名声的人,只是外表上装出的仁的样子,而行动上却正是违背了仁,自己还以仁人自居不惭愧。但他无论在国君的朝廷里和大夫的封地里都必定会有名声。"

小人之过也必文。

——《子张》

【译】小人犯了过错一定要掩饰。

过犹不及。

——《先进》

【译】过分和不足是一样的。

我不欲人之加诸我也，吾亦欲无加诸人。

——《公冶长》

【译】我不愿别人强加于我的事，我也不愿强加在别人身上。

放①于利而行，多怨②。

——《里仁》

【注】①放：同仿，效法，引申为追求。②怨：别人的怨恨。

【译】为追求利益而行动，就会招致更多的怨恨。

子曰：“吾未见刚者。”或对曰：“申枨①。”子曰：“枨也欲，焉得刚？”

——《公冶长》

【注】①申枨：枨，姓申名枨，字周，孔子的学生。

【译】孔子说：“我没有见过刚强的人。”有人回答说：“申枨就是刚强的。”孔子说：“申枨这个人欲望太多，怎么能刚强呢？”

岁寒，然后知松柏之后凋也。

——《子罕》

【译】孔子说：“到了寒冷的季节，才知道松柏是最后凋谢的。”

不仁者不可以久处约①,不可以长处乐。仁者安仁②,知者利仁③。

——《里仁》

【注】①约:穷困、困窘。②安仁:安仁是安于仁道。③利仁:利仁,认为仁有利自己才去行

【译】没有仁德的人不能长久地处在贫困中,也不能长久地处在安乐中。仁人是安于仁道的,有智慧的人则是知道仁对自己有利才去行仁的。

亡而为有,虚而为盈,约①而为泰②,难乎有恒矣。

——《述而》

【注】①约:穷困。②泰:这里是奢侈的意思。

【译】没有却装作有,空虚却装作充实,穷困却装作富足,这样的人是难于有恒心(保持好的品德)的。

大德①不逾闲②,小德③出入可也。

——《子张》

【注】①大德:指大节。②闲:木栏,这里指界限。③小德:小节。

【译】大节上不能超越界限,小节上有些出入是可以的。

执德不弘,信道不笃,焉能为有?焉能为亡?

——《子张》

【译】实行德而不能发扬光大,信仰道而不忠实坚定,(这样的人)怎么能说有?又怎么说他没有?

可以托六尺之孤①，可以寄百里之命②，临大节而不可夺也。君子人与？君子人也。

——《泰伯》

【注】①托六尺之孤：孤：死去父亲的小孩叫孤，六尺指15岁以下，古人以七尺指成年。托孤，受君主临终前的嘱托辅佐幼君。②寄百里之命：寄，寄托、委托。百里之命，指掌握国家政权和命运。

【译文】可以把年幼的君主托付给他，可以把国家的政权托付给他，面临生死存亡的紧急关头而不动摇屈服。这样的人是君子吗？是君子啊！

孔子曰："能行五者于天下为仁矣。""请问之。"曰："恭、宽、信、敏、惠。恭则不侮，宽则得众，信则人任焉，敏则有功，惠则足以使人。"

——《阳货》

【译】孔子说："能够处处实行五种品德。就是仁人了。"子张说："请问哪五种。"孔子说："庄重、宽厚、诚实、勤敏、慈惠。庄重就不致遭受侮辱，宽厚就会得到众人的拥护，诚信就能得到别人的任用，勤敏就会提高工作效率，慈惠就能够使唤人。"

子曰："吾有知乎哉？无知也。有鄙夫①问于我，空空如也②。我叩③其两端④而竭⑤焉。"

——《子罕》

【注】①鄙夫：孔子称乡下人、社会下层的人。②空空如也：指孔子自

己心中空空无知。③叩:叩问、询问。④两端:两头,指正反、始终、上下方面。⑤竭:穷尽、尽力追究。

【译】孔子说:"我有知识吗? 其实没有知识。有一个乡下人问我,我对他谈的问题本来一点也不知道。我只是从问题的两端去问,这样对此问题就可以全部搞清楚了。"

子张问明。子曰:"浸润之谮①,肤受之愬②,不行焉,可谓明也已矣。浸润之谮,肤受之愬,不行焉,可谓远③也已矣。"

——《颜渊》

【注】①浸润之谮,谮,音 zèn,谗言。这是说像水那样一点一滴地渗进来的谗言,不易觉察。②肤受之愬:愬,音 sù,诬告。这是说像皮肤感觉到疼痛那样的诬告,即直接的诽谤。③远:明之至,明智的最高境界。

【译】子张问怎样做才算是明智的。孔子说:"像水润物那样暗中挑拨的坏话,像切肤之痛那样直接的诽谤,在你那里都行不通,那你可以算是明智的了。像水润物那样暗中挑拨的坏话,像切肤之痛那样直接的诽谤,在你那里都行不通,那你可以算是有远见的了。"

笃信好学,守死善道,危邦不入,乱邦不居。

——《泰伯》

【译】坚定信念并努力学习,至死持守真理。不进入政局不稳的国家,不居住在动乱的国家。

子曰：“直哉史鱼①！邦有道，如矢②；邦无道，如矢。”

——《卫灵公》

【注】①史鱼：卫国大夫，名鳝，字子鱼，他多次向卫灵公推荐蘧伯玉。②如矢：矢，箭，形容其直。

【译】孔子说：“史鱼真是正直啊！国家有道，他的言行像箭一样直；国家无道，他的言行也像箭一样直。”

2. 言行　礼节

非礼勿视，非礼勿听，非礼勿言，非礼勿动。

——《颜渊》

【译】不合于礼的不要看，不合于礼的不要听，不合于礼的不要说，不合于礼的不要做。

古者言之不出，耻躬之不逮也。

——《里仁》

【译】古代人不轻易把话说出口，因为他们以自己做不到为可耻啊。

君子耻其言而过其行。

——《宪问》

【译】君子认为说得多而做得少是可耻的。

司马牛①问仁。子曰:"仁者,其言也讱。"曰:"其言也讱②,斯③谓之仁已乎?"子曰:"为之难,言之得无讱乎?"

——《颜渊》

【注】①司马牛:姓司马名耕,字子牛,孔子的学生。②讱:话难说出口。这里引申为说话谨慎。③斯:就。

【译】司马牛问怎样做才是仁。孔子说:"仁人说话是慎重的。"司马牛说:"说话慎重,这就叫做仁了吗?"孔子说:"做起来很困难,说起来能不慎重吗?"

夫人①不言,言必有中。

——《先进》

【注】①夫人:这个人。

【译】这个人平日不说话,一说话就说到要害上。

夫子时然后言,人不厌其言;乐然后笑,人不厌其笑;义然后取,人不厌其取。

——《宪问》

【译】先生他到该说时才说,别人不厌恶他说话;快乐时才笑,别人不厌恶他笑;合于礼要求的财利他才取,别人不厌恶他取。

君子欲讷①于言而敏②于行。

——《先进》

【注】①讷:迟钝。这里指说话要谨慎。②敏:敏捷、快速的意思。

【译】君子说话要谨慎,而行动要敏捷。

辞达而已矣。

——《卫灵公》

【译】言辞只要能表达意思就行了。

道听而涂说，德之弃也。

——《阳货》

【译】在路上听到传言就到处去传播，这是道德所唾弃的。

其言之不怍①，则为之也难。

——《宪问》

【注】①怍：惭愧的意思。

【译】说话如果大言不惭，那么实现这些话就是很困难的了。

多闻阙①疑②，慎言其余，则寡尤③；多见阙殆，慎行其余，则寡悔。言寡尤，行寡悔，禄在其中矣。

——《为政》

【注】①阙：缺。此处意为放置在一旁。②疑：怀疑。③寡尤：寡，少的意思。尤，过错。

【译】要多听，有怀疑的地方先放在一旁不说，其余有把握的，也要谨慎地说出来，这样就可以少犯错误；要多看，有怀疑的地方先放在一旁不做，其余有握的，也要谨慎地去做，就能减少后悔。说话少过失，做事少后悔，官职俸禄就在这里了。

子曰:"恭而无礼则劳①,慎而无礼则葸②,勇而无礼则乱,直而无礼则绞③。君子笃④于亲,则民兴于仁;故旧⑤不遗,则民不偷⑥。"

——《泰伯》

【注】①劳:辛劳,劳苦。②葸:音 xǐ,拘谨,畏惧的样子。③绞:说话尖刻,出口伤人。④笃:厚待、真诚。⑤故旧:故交,老朋友。⑥偷:薄情。

【译】孔子说:"恭敬而不符合礼的规定就会烦扰不安,谨慎而不符合礼的规定就会胆怯,勇敢而不符合礼的规定就会违法作乱,直率而不符合礼的规定就会尖刻伤人。君子厚待自己的亲人,老百姓就培养仁德;君子不遗弃自己的老朋友,老百姓就不会待人薄情。"

子曰:"志于道,据于德①,依于仁,游于艺②。"

——《述而》

【注】①德:旧注云:德者,得也。能把道贯彻到自己心中而不失掉就叫德。②艺:艺指孔子教授学生的礼、乐、射、御、书、数等六艺,都是日常所用。

【译】孔子说:"以道为志向,以德为根据,以仁为凭藉,活动于(礼、乐等)六艺的范围之中。"

子曰:"以约①失之者鲜②矣。"

——《里仁》

【注】①约:约束。这里指"约之以礼"。②鲜:少的意思。

【译】孔子说:"用礼来约束自己,再犯错误的人就少了。"

子曰:"饱食终日,无所用心,难矣哉! 不有博弈者乎? 为之,犹贤乎已。"

——《阳货》

【译】孔子说:"整天吃饱了饭,什么心思也不用,真太难了! 不是还有玩博和下棋的游戏吗? 干这个,也比闲着好。"

子曰:"君子之于天下也,无适①也,无莫②也,义③之与比④。"

——《里仁》

【注】①适:音 dí,意为亲近、厚待。②莫:疏远、冷淡。③义:适宜、妥当。④比:亲近、相近、靠近。

【译】孔子说:"君子对于天下的事,没有亲近、厚待的想法,也没有疏远、冷淡的想法,一切都按照义去做。"

子曰:"弟子①入②则孝,出③则弟,谨而信,泛④爱众,而亲仁⑤,行有余力⑥,则以学文⑦。"

——《学而》

【注】①弟子:一般有两种意义:一是年纪较小为人弟和为人子的人;二是指学生。这里是用一种意义上的"弟子"。②入:古代时父子分别住在不同的居处,学习则在外舍。《礼记·内则》:"由命士以上,父子皆异宫"。入是入父宫,指进到父亲住处,或说在家。③出:与"入"相对而言,指外出拜师学习。出则弟,是说要用弟道对待师长,也可泛指年长于自己的人。谨:寡言少语称之为谨。④泛:广泛的意思。⑤仁:仁即仁人,有仁

德之人。⑥行有余力：指有闲暇时间。⑦文：古代文献。主要有诗、书、礼、乐等文化知识。

【译】孔子说："弟子们在父母跟前，就孝顺父母，出门在外，要顺从兄长，言行要谨慎，要诚实可信，寡言少语，要广泛地去爱众人，亲近那些有仁德的人。这样躬行实践之后，还有余力的话，就再去学习文献知识。"

事父母几①谏，见志不从，又敬不违，劳②而不怨。

——《里仁》

【注】①几：轻微、婉转的意思。②劳：忧愁、烦劳的意思。

【译】侍奉父母，（如果父母有不对的地方），要委婉地劝说他们。（自己的意见表达了，）见父母心里不愿听从，还是要对他们恭恭敬敬，并不违抗，替他们操劳而不怨恨。

三年①无改于父之道②，可谓孝矣。

——《学而》

【注】①三年：对于古人所说的数字不必过于机械地理解，只是说要经过一个较长的时间而已，不一定仅指三年的时间。②道：有时候是一般意义上的名词，无论好坏、善恶都可以叫做道。但更多时候是积极意义的名词，表示善的、好的东西。这里表示"合理内容"的意思。

【译】如果能够多年不变父亲传下来的正道的话，可以说是尽到孝了。

父母在，不远游①，游必有方②。

——《里仁》

【注】①游：指游学、游官、经商等外出活动。②方：一定的地方。

【译】父母在世，不远离家乡如果要出远门，也必须有去向。

子夏问孝，子曰："色难①。有事，弟子服其劳②；有酒食，先生③馔④，曾是以为孝乎？"

——《为政》

【注】①色难：色，脸色。难，不容易的意思。②服其劳：服，从事、担负。服其劳即服侍，效劳。③先生：先生指长者或父母；前面说的弟子，指晚辈、儿女等。④馔：意为饮食、吃喝。

【译】子夏问什么是孝，孔子说："（当子女的要尽到孝），最不容易的就是对父母和颜悦色，仅仅是有了事情，儿女需要替父母去做，有了酒饭，让父母吃，难道能认为这样就可以算是孝了吗？"

今之孝者，是谓能养。至于犬马，皆能有养，不敬，何以别乎？

——《为政》

【译】如今所谓的孝，只是说能够赡养父母便足够了。然而，就是犬马都能够得到饲养。如果不存心孝敬父母，那么赡养父母与饲养犬马又有什么区别呢？

3. 交友　察人

君子尊贤而容众，嘉善而矜不能。我之大贤与，于人何所不容？我之不贤与，人将拒我，如之何其拒人也？

——《子张》

【译】君子既尊重贤人，又能容纳众人；能够赞美善人，又能同情能力不够的人。如果我是十分贤良的人，那我对别人有什么不能容纳的呢？我如果不贤良，那人家就会拒绝我，又怎么能拒绝人家呢？

视其所以①，观其所由②，察其所安③，人焉廋哉？人焉廋④哉？

——《为政》

【注】①所以：所做的事情。②所由：所走过的道路。③所安：所安的心境。④廋：隐藏、藏匿。

【译】要了解一个人，应看他言行的动机，观察他所走的道路，考察他安心干什么，这样，这个人怎样能隐藏得了呢？这个人怎样能隐藏得了呢？

人之过也，各于其党。观过，斯知仁矣。

——《里仁》

【译】人们的错误，总是与他那个集团的人所犯错误性质是一样的。所以，考察一个人所犯的错误，就可以知道他没有仁德了。

始吾于人也，听其言而信其行；今吾于人也，听其言而观其行。于予与改是。

——《公冶长》

【译】起初我对于人，是听了他说的话便相信了他的行为；现在我对于人，听了他讲的话还要观察他的行为。在这里我改变了观察人的方法。

忠告而善道之,不可则止,毋自辱焉。

——《颜渊》

【译】忠诚地劝告他,恰当地引导他,如果不听就作罢,不要自取其辱。

人而不仁①,疾之已甚②,乱也。

——《泰伯》

【注】①不仁:不符合仁德的人或事。②已甚:已,太。已甚,即太过分。

【译】对于不仁德的人或事逼迫得太厉害,也会出乱子。

可与言而不与之言,失人;不可与言而与言,失言。知者不失人,亦不失言。

——《卫灵公》

【译】可以同他谈的话,却不同他谈,这就是失掉了朋友;不可以同他谈的话,却同他谈,这就是说错了话。有智慧的人既不失去朋友,又不说错话。

可与共学,未可与适道①;可与适道,未可与立②;可与立,未可与权③。

——《子罕》

【注】①适道:适,往。这里是志于道,追求道的意思。②立:坚持道而

不变。③权:秤锤。这里引申为权衡轻重。

【译】可以一起学习的人,未必都能学到道;能够学到道的人,未必能够坚守道;能够坚守道的人,未必能够随机应变。

与①其进也,不与其退也,唯何甚? 人洁己②以进,与其洁也,不保其往③也。

——《述而》

【注】①与:赞许。②洁己:洁身自好,努力修养,成为有德之人。③不保其往:保,一说担保,一说保守。往,一说过去,一说将来。

【译】我是肯定他的进步,不是肯定他的倒退。何必做得太过分呢? 人家改正了错误以求进步,我们肯定他改正错误,不要死抓住他的过去不放。

暴虎①冯河②,死而无悔者,吾不与也。必也临事而惧③。好谋而成者也。

——《述而》

【注】①暴虎:空拳赤手与老虎进行搏斗。②冯河:无船而徒步过河。③临事而惧:惧是谨慎、警惕的意思。遇到事情便格外小心谨慎。

【译】赤手空拳和老虎搏斗,徒步涉水过河,死了都不会后悔的人,我是不会和他在一起共事的。我要找的,一定要是遇事小心谨慎,善于谋划而能完成任务的人。

主忠信①,毋②友不如己③者,过④则勿惮⑤改。

——《子罕》

【注】①主忠信:以忠信为主。②毋:"不要"的意思。③不如己:一般解释为不如自己。另一种解释说,"不如己者,不类乎己,所谓'道不同不相为谋'也。"把"如"解释为"类似"。后一种解释更为符合孔子的原意。④过:过错、过失。⑤惮:害怕、畏惧。

【译】要以忠信为主,不要同与自己不同道的人交朋友,有了过错,就不要怕改正。

子贡问曰:"乡人皆好之,何如?"子曰:"未可也。""乡人皆恶之,何如?"子曰:"未可也。不如乡人之善者好之,其不善者恶之。"

——《子路》

【译】子贡问孔子说:"全乡人都喜欢、赞扬他,这个人怎么样?"孔子说:"这还不能肯定。"子贡又问孔子说:"全乡人都厌恶、憎恨他,这个人怎么样?"孔子说:"这也是不能肯定的。最好的人是全乡的好人都喜欢他,全乡的坏人都厌恶他。"

益者三友,损者三友。友直,友谅①,友多闻,益矣。友便辟②,友善柔③,友便佞④,损矣。

——《季氏》

【注】①谅:诚信。②便辟:惯于走邪道。③善柔:善于和颜悦色骗人。④便佞:惯于花言巧语。

【译】有益的交友有三种，有害的交友有三种。同正直的人交友，同诚信的人交友，同见闻广博的人交友，这是有益的。同惯于走邪道的人交朋友，同善于阿谀奉承的人交朋友，同惯于花言巧语的人交朋友，这是有害的。

子曰："君子易事①而难说②也。说之不以道，不说也；及其使人也，器之③。小人难事而易说也。说之虽不以道，说也；及其使人也，求备焉。"

——《子路》

【注】①易事：易于与人相处共事。②难说：难于取得他的欢喜。③器之：量才使用他。

【译】孔子说："为君子办事很容易，但很难取得他的欢喜。不按正道去讨他的喜欢，他是不会喜欢的。但是，当他使用人的时候，总是量才而用人；为小人办事很难，但要取得他的欢喜则是很容易的。不按正道去讨他的喜欢，也会得到他的喜欢。但等到他使用人的时候，却是求全责备。"

子曰："伯夷、叔齐①不念旧恶，怨是用希②。"

——《公冶长》

【注】①伯夷、叔齐：殷朝末年孤竹君的两个儿子。父亲死后，二人互相让位，都逃到周文王那里。周武王起兵伐纣，他们认为这是以臣弑君，是不忠不孝的行为，曾加以拦阻。周灭商统一天下后，他们以吃周朝的粮食为耻，逃进深山中以野草充饥，饿死在首阳山中。②希：同稀。

【译】孔子说："伯夷、叔齐两个人不记人家过去的仇恨，（因此，别人对他们的）怨恨因此也就少了。"

与朋友交,言而有信。

——《学而》

【译】同朋友交往,说话诚实恪守信用。

回也非助我者也,于吾言无所不说。

——《先进》

【译】颜回不是对我有帮助的人,他对我说的话没有不心悦诚服的。

工欲善其事,必先利其器。居是邦也,事其大夫之贤者·友其士之仁者。

——《卫灵公》

【译】做工的人想把活儿做好,必须首先使他的工具锋利。住在这个国家,就要事奉大夫中的那些贤者,与士人中的仁者交朋友。

君子和①而不同,小人同②而不和。

——《子路》

【注】①和:不同的东西和谐地配合叫作和,各方面之间彼此不同。②同:相同的东西相加或与人相混同,叫作同。各方面之间完全相同。

【译】君子讲求和谐而不同流合污,小人只求完全一致,而不讲求协调。

君子周①而不比②,小人③比而不周。

——《为政》

【注】①周:合群。②比:音bì,勾结。③小人:没有道德修养的凡人。

【译】君子合群而不与人勾结,小人与人勾结而不合群。

君子矜^①而不争,群而不党。

——《卫灵公》

【注】①矜:庄重的意思。

【译】君子庄重而不与别人争执,合群而不结党营私。

君子不以言举人,不以人废言。

——《卫灵公》

【译】君子不凭一个人说的话来举荐他,也不因为一个人不好而不采纳他的好话。

爱之,能勿劳乎? 忠焉,能勿诲乎?

——《宪问》

【译】爱他,能不为他操劳吗? 忠于他,能不对他劝告吗?

不得中行^①而与之,必也狂狷^②乎! 狂者进取,狷者有所不为也。

——《子路》

【注】①中行:行为合乎中庸。②狷:拘谨,有所不为。

【译】我找不到奉行中庸之道的人和他交往,一定要结交狂者与狷者这两类人! 狂者肯于进取,狷者对有些事是不肯干的。

切切偲偲^①,怡怡^②如也,可谓士矣。朋友切切偲偲,兄弟怡怡。

——《子路》

【注】①偲偲:勉励、督促、诚恳的样子。②怡怡:和气、亲切、顺从的样子。

【译】互助督促勉励,相处和和气气,可以算是士了。朋友之间互相督促勉励,兄弟之间相处和和气气。

不患①人②之不己知,患不知人也。

——《学而》

【注】①患:忧虑,怕。②人:指有教养、有知识的人,而非民。

【译】不怕别人不了解自己,只怕自己不了解别人。

三、论治学

学如不及，犹恐失之。

——《泰伯》

【译】学习知识就像追赶不上那样，又会担心丢掉什么。

知之者不如好之者，好之者不如乐之者。

——《雍也》

【译】懂得它的人，不如爱好它的人；爱好它的人，又不如以它为乐的人。

敏而好学，不耻下问，是以谓之文也。

——《公冶长》

【译】他聪敏勤勉而好学，不以向比他地位卑下的人请教为耻，所以给他谥号叫"文"。

我非生而知之者，好古，敏以求之者也。

——《述而》

【译】我不是生来就有知识的人，而是爱好古代的东西，勤奋敏捷地去求得知识的人。

三人行,必有我师焉。择其善者而从之,其不善者而改之。

【译】三个人一起走路,其中必定有人可以做我的老师。我选择他善的品德向他学习,看到他不善的地方就作为借鉴,改掉自己的缺点。

盖有不知而作之者,我无是也。多闻,择其善者而从之,多见而识之,知之次也。

——《述而》

【译】有这样一种人,可能他什么都不懂却在那里凭空创造,我却没有这样做过。多听,选择其中好的来学习;多看,然后记在心里,这是次一等的智慧。

温故①而知新②,可以为师矣。

——《为政》

【注】①故:已经过去的。②新:刚刚学到的知识。

【译】在温习旧知识时,能有新体会、新发现,就可以当老师了。

学而不思则罔①,思而不学则殆②。

——《为政》

【注】①罔:迷惑、糊涂。②殆:疑惑、危险。

【译】只读书学习,而不思考问题,就会罔然;只空想而不读书学习,就会疑惑。

知之为知之,不知为不知,是知也。

——《为政》

【译】知道就是知道,不知道就是不知道,这就是智慧啊!

学而时习①之,不亦说②乎? 有朋③自远方来,不亦乐④乎? 人不知⑤而不愠⑥,不亦君子⑦乎?

——《学而》

【注】①时习:在周秦时代,"时"字用作副词,意为"在一定的时候"或者"在适当的时候"。但朱熹在《论语集注》一书中把"时"解释为"时常"。"习",指演习礼、乐,复习诗、书。也含有温习、实习、练习的意思。②说:音 yuè,同悦,愉快、高兴的意思。③有朋:一本作"友朋"。旧注说,"同门曰朋",即同在一位老师门下学习的叫朋,也就是志同道合的人。④乐:与"悦"有所区别。旧注说,悦在内心,乐则见于外。⑤人不知:知,是了解的意思。人不知,是说别人不了解自己。⑥愠:音 yùn,恼怒,怨恨。⑦君子:《论语》书中的君子,有时指有德者,有时指有位者。此处指孔子理想中具有高尚人格的人。

【译】学了又时常温习和练习,不是很愉快吗? 有志同道合的人从远方来,不是很令人高兴吗? 人家不了解我,我也不怨恨、恼怒,不也是一个有德的君子吗?

当仁,不让于师。

——《卫灵公》

【译】面对着仁德,就是老师,也不同他谦让。

君子①不重②则不威；学则不固③。

——《学而》

【注】①君子：这个词一直贯穿于本段始终，因此这里应当有一个断句。②重：庄重、自持。③学则不固：有两种解释：一是作"坚固"解，与上句相连，不庄重就没有威严，所学也不坚固；二是作"固陋"解，喻人见闻少，学了就可以不固陋。

【译】君子，不庄重就没有威严；学习则可以使人不闭塞。

自行束脩①以上，吾未尝无诲焉。

——《述而》

【注】①束脩：脩，干肉，又叫脯。束脩就是十条干肉。孔子要求他的学生，初次见面时要拿十条干肉作为学费。后来，就把学生送给老师的学费叫做"束脩"。

【译】只要自愿拿着十条干肉为礼来见我的人，我从来没有不给他教诲的。

不愤①不启，不悱②不发。举一隅③不以三隅反，则不复也。

——《述而》

【注】①愤：苦思冥想而仍然领会不了的样子。②悱：想说又不能明确说出来的样子。③隅：角落。

【译】教导学生，不到他想弄明白而不得的时候，不去开导他；不到他想出来却说不出来的时候，不去启发他。教给他一个方面的东西，他却不能由此而推知其他三个方面的东西，那就不再教他了。

默而识①之,学而不厌,诲②人不倦,何有于我哉③?

——《述而》

【注】①识:记住的意思。②诲:教诲。③何有于我哉:对我有什么难呢?

【译】默默地记住(所学的知识),学习不觉得厌烦,教人不知道疲倦,这对我能有什么困难呢?

后生可畏,焉知来者之不如今也? 四十、五十而无闻焉,斯亦不足畏也已。

——《子罕》

【译】年轻人是值得敬畏的,怎么就知道后一代不如前一代呢? 如果到了四五十岁时还默默无闻,那他就没有什么可以敬畏的了。

子曰:"古之学者为己,今之学者为人。"

——《宪问》

【译】孔子说:"古代的人学习是为了提高自己,而现在的人学习是为了给别人看。"

子曰:"文,莫①吾犹人也。躬行君子,则吾未之有得。"

——《述而》

【注】①莫:约莫、大概、差不多。

【译】孔子说:"就书本知识来说,大约我和别人差不多,做一个身体力行的君子,那我还没有做到。"

君子食无求饱，居无求安，敏于事而慎于言，就①有道②而正③焉，可谓好学也已。

——《学而》

【注】①就：靠近、看齐。②有道：指有道德的人。③正：匡正、端正。

【译】君子，饮食不求饱足，居住不要求舒适，对工作勤劳敏捷，说话却小心谨慎，到有道的人那里去匡正自己，这样可以说是好学了。

日知其所亡，月无忘其所能，可谓好学也已矣。

——《子张》

【译】每天学到一些过去所不知道的东西，每月都不能忘记已经学会的东西，这就可以叫作好学了。

诵诗三百，授之以政，不达①；使于四方，不能专对②。虽多，亦奚以③为？

——《子路》

【注】①达：通达。这里是会运用的意思。② 专对：独立对答。③以：用。

【译】把《诗》三百篇背得很熟，让他处理政务，却不会办事；让他当外交使节，不能独立地办交涉；背得很多，又有什么用呢？

譬如为山，未成一篑①，止，吾止也；譬如平地，虽覆一篑，进，吾往也。

——《子罕》

【注】①篑：土筐。

【译】譬如用土堆山，只差一筐土就完成了，这时停下来，那是我自己要停下来的；譬如在平地上堆山，虽然只倒下一筐，这时继续前进，那是我自己要前进的。

仕而优①则学，学而优则仕。

——《子张》

【注】①优：有余力。

【译】做官还有余力的人，就去学习；学习有余力的人，就去做官。

百工①居肆②以成其事，君子学以致其道。

——《子张》

【注】①百工：各行各业的工匠。②肆：古代社会制作物品的作坊。

【译】各行各业的工匠住在作坊里来完成自己的工作，君子通过学习来掌握道理。

子曰："十室之邑，必有忠信如丘者焉，不如丘之好学也。"

——《公冶长》

【译】孔子说："即使只有十户人家的小村子，也一定有像我这样讲忠信的人，只是不如我那样好学罢了。"

有颜回者好学，不迁怒①，不贰过②。

——《雍也》

【注】①不迁怒：不把对此人的怒气发泄到彼人身上。②不贰过："贰"是重复、一再的意思。这是说不犯同样的错误。

【译】有一个叫颜回的学生好学,他从不迁怒于别人,也从不重犯同样的过错。

子曰:"吾与回①言,终日不违②,如愚。退而省其私③,亦足以发,回也不愚。"

——《为政》

【注】①回:姓颜名回,字子渊,生于公元前521年,比孔子小30岁,鲁国人,孔子的得意门生。②不违:不提相反的意见和问题。③退而省其私:考察颜回私下里与其他学生讨论学问的言行。

【译】孔子说:"我整天给颜回讲学,他整天都不提反对意见和疑问,像个蠢人。等他退下之后,我考察他私下的言论,发现他对我所讲授的内容有所发挥,可见颜回其实并不蠢。"

冉求曰:"非不说①子之道,力不足也。"子曰:"力不足者,中道而废。今女画②。"

——《雍也》

【注】①说:音yuè,同悦。②画:划定界限,停止前进。

【译】冉求说:"我不是不喜欢老师您所讲的道,而是我的能力不够呀。"孔子说:"能力不够是到半路才停下来,现在你是自己给自己划了界限不想前进。"

不曰"如之何①,如之何"者,吾末②如之何也已矣。

——《卫灵公》

【注】①如之何:怎么办的意思。②末:这里指没有办法。

【译】从来遇事不说"怎么办,怎么办"的人,我对他也不知怎么办才好。

小子何莫学夫诗?诗,可以兴①,可以观②,可以群③,可以怨④。迩⑤之事父,远之事君;多识于鸟兽草木之名。

——《阳货》

【注】①兴:激发感情的意思。一说是诗的比兴。②观:观察了解天地万物与人间万象。③群:合群。④怨:讽谏上级,怨而不怒。⑤迩:近。

【译】学生们为什么不学习《诗》呢?学《诗》可以激发志气,可以观察天地万物及人间的盛衰与得失,可以使人懂得合群的必要,可以使人懂得怎样去讽谏上级。近可以用来侍奉父母,远可以侍奉君主;还可以多知道一些鸟兽草木的名字。

好仁不好学,其蔽也愚①;好知不好学,其蔽也荡②;好信不好学,其蔽也贼③;好直不好学,其蔽也绞④;好勇不好学,其蔽也乱;好刚不好学,其蔽也狂。

——《阳货》

【注】①愚:受人愚弄。②荡:放荡。好高骛远而没有根基。③贼:害。④绞:说话尖刻。

【译】爱好仁德而不爱好学习,它的弊病是受人愚弄;爱好智慧而不爱好学习,它的弊病是行为放荡;爱好诚信而不爱好学习,它的弊病是危害亲人;爱好直率却不爱好学习,它的弊病是说话尖刻;爱好勇敢却不爱好学习,它的弊病是犯上作乱;爱好刚强却不爱好学习,它的弊病是狂妄自大。

吾尝终日不食，终夜不寝，以思，无益，不如学也。

——《卫灵公》

【译】我曾经整天不吃饭，彻夜不睡觉，去左思右想，结果没有什么好处，还不如去学习为好。

子曰："若圣与仁，则吾岂敢？抑①为之②不厌，诲人不倦，则可谓云尔③已矣。"

——《述而》

【注】①抑：转折的语气词，"只不过是"的意思。②为之：指圣与仁。③云尔：这样说。

【译】孔子说："如果说到圣与仁，那我怎么敢当！不过（向圣与仁的方向）努力而不感厌烦地做，教诲别人也从不感觉疲倦，则可以这样说的。"

朽木不可雕也，粪土①之墙不可杇②也。

——《公冶长》

【注】①粪土：腐土、脏土。②杇：抹墙用的抹子。这里指用抹子粉刷墙壁。

【译】腐朽的木头无法雕刻，粪土垒的墙壁无法粉刷。

有教无类。

——《卫灵公》

【译】人人都可以接受教育，不分族类。

四、论政治

1. 治国　使民

为政以德①,譬如北辰②,居其所③而众星共④之。

——《尧曰》

【注】①为政以德:以,用的意思。此句是说统治者应以道德进行统治,即"德治"。②北辰:北极星。③所:处所,位置。④共:同"拱",环绕的意思。

【译】(周君)以道德教化来治理政事,就会像北极星那样,自己居于一定的方位,而群星都会环绕在它的周围。

道①之以政,齐②之以刑,民免③而无耻④,道之以德,齐之以礼,有耻且格⑤。

——《为政》

【注】①道:有两种解释:一为"引导";二为"治理"。前者较为妥帖。②齐:整齐、约束。③免:避免、躲避。④耻:羞耻之心。⑤格:有两种解释:一为"至";二为"正"。

【译】用法制禁令去引导百姓,使用刑法来约束他们,老百姓只是求得免于犯罪受惩,却失去了廉耻之心;用道德教化引导百姓,使用礼制去统一百姓的言行,百姓不仅会有羞耻之心,而且也就守规矩了。

季康子①问:"使民敬、忠以②劝,如之何?"子曰:"临③之以庄,则敬;孝慈④,则忠;举善而教不能,则劝⑤。"

——《为政》

【注】①季康子:姓季孙名肥,康是他的谥号,鲁哀公时任正卿,是当时政治上最有权势的人。②以:连接词,与"而"同。这里是自勉努力的意思。③临:对待。④孝慈:一说当政者自己孝慈;一说当政者引导老百姓孝慈。此处采用后者。⑤劝:勉励。

【译】季康子问道:"要使老百姓对当政的人尊敬、尽忠而努力干活,该怎样去做呢?"孔子说:"你用庄重的态度对待老百姓,他们就会尊敬你;你对父母孝顺、对子弟慈祥,百姓就会尽忠于你;你选用善良的人,又教育能力差的人,百姓就会互相勉励,加倍努力了。"

事君尽礼,人以为谄也。

——《八佾》

【译】我完完全全按照周礼的规定去侍奉君主,别人却以为这是谄媚呢。

君使臣以礼,臣事君以忠。

——《八佾》

【译】君主应该按照礼的要求去使唤臣子,臣子应该以忠来侍奉君主。

君君、臣臣、父父、子子。

——《颜渊》

【译】做君主的要像君的样子,做臣子的要像臣的样子,做父亲的要像父亲的样子,做儿子的要像儿子的样子。

子贡问政。子曰:"足食,足兵,民信之矣。"子贡曰:"必不得已而去,于斯三者何先?"曰:"去兵。"子贡曰:"必不得已而去,于斯二者何先?"曰:"去食。自古皆有死,民无信不立。"

——《颜渊》

【译】子贡问怎样治理国家。孔子说,"粮食充足,军备充足,老百姓信任统治者。"子贡说:"如果不得不去掉一项,那么在这三项中先去掉哪一项呢?"孔子说:"去掉军备。"子贡说:"如果不得不再去掉一项,那么这两项中去掉哪一项呢?"孔子说:"去掉粮食。自古以来人总是要死的,如果老百姓对统治者不信任,那么国家就不能存在了。"

叶公问政。子曰:"近者悦,远者来。"

——《子路》

【译】叶公问孔子怎样管理政事。孔子说:"使近处的人高兴,使远处的人来归附。"

丘也闻有国有家者,不患寡而患不均,不患贫而患不安。盖均无贫,和无寡,安无倾。夫如是,故远人不服,则修文德以来之。既来之,则安之。

——《季氏》

【译】我听说,对于诸侯和大夫,不怕贫穷,而怕财富不均;不怕人口少,而怕不安定。由于财富均了,也就没有所谓贫穷;大家和睦,就不会感到人少;安定了,也就没有倾覆的危险了。因为这样,所以如果远方的人还不归服,就用仁、义、礼、乐招徕他们;已经来了,就让他们安心住下去。

子夏为莒父①宰,问政。子曰:"无欲速,无见小利。欲速则不达,见小利则大事不成。"

——《子路》

【注】①莒父:莒,鲁国的一个城邑,在今山东省莒县境内。

【译】子夏做莒父的总管,问孔子怎样办理政事。孔子说:"不要求快,不要贪求小利。求快反而达不到目的,贪求小利就做不成大事。"

子适卫,冉有仆①。子曰:"庶②矣哉!"冉有曰:"既庶矣,又何加焉?"曰:"富之。"曰:"既富矣,又何加焉?"曰:"教之。"

——《子路》

【注】①仆:驾车。②庶:众多,这里指人口众多。

【译】孔子到卫国去,冉有为他驾车。孔子说:"人口真多呀!"冉有说:"人口已经够多了,还要再做什么呢?"孔子说:"使他们富起来。"冉有说:"富了以后又还要做些什么?"孔子说:"对他们进行教化。"

君子笃①于亲,则民兴于仁,故旧②不遗,则民不偷③。

——《泰伯》

【注】①笃:厚待、真诚。②故旧:故交,老朋友。③偷:淡薄。

【译】在上位的人如果厚待自己的亲属,老百姓当中就会兴起仁的风气;君子如果不遗弃老朋友,老百姓就不会对人冷漠无情了。

百姓足,君孰与不足? 百姓不足,君孰与足?

——《颜渊》

【译】如果百姓的用度够,您怎么会不够呢? 如果百姓的用度不够,您怎么又会够呢?

以不教民战,是谓弃之。

——《子路》

【译】如果不先对老百姓进行作战训练,这就叫抛弃他们。

宽则得众,信则民任焉。敏则有功,公则说。

——《尧曰》

【译】宽厚就能得到众人的拥护,诚信就能得到别人的任用。勤敏就能取得成绩,公平就会使百姓高兴。

民可使由之,不可使知之。

——《泰伯》

【译】对于老百姓,只能使他们按照我们的意志去做,不能使他们懂得为什么要这样做。

敬事①而信,节用而爱人②,使民以时③。

——《学而》

【注】①敬事:"敬"字一般用于表示个人的态度,尤其是对待所从事的事务要谨慎专一、兢兢业业。②爱人:古代"人"的含义有广义与狭义的

区别。广义的"人",指一切人群;狭义的"人",仅指士大夫以上各个阶层的人。此处的"人"与"民"相对而言,可见其用法为狭义。③使民以时:"时"指农时。古代百姓以农业为主,这是说要役使百姓按照农时耕作与收获。

【译】要严谨认真地办理国家大事而又恪守信用,诚实无欺,节约财政开支而又爱护官吏臣僚,役使百姓要不误农时。

谨权①量②,审法度③,修废官,四方之政行焉。兴灭国,继绝世,举逸民,天下之民归心焉。

——《尧曰》

【注】①权:秤锤,指量轻重的标准。②量:斗斛,指量容积的标准。③法度:指量长度的标准。

【译】认真检查度量衡器,周密地制定法度,全国的政令就会通行了。恢复被灭亡了的国家,接续已经断绝了的家族,提拔被遗落的人才,天下百姓就会真心归附了。

樊迟请学稼。子曰:"吾不如老农。"请学为圃①。曰:"吾不如老圃。"樊迟出。子曰:"小人哉,樊须也! 上好礼,则民莫敢不敬;上好义,则民莫敢不服;上好信,则民莫敢不用情②。 夫如是,则四方之民襁③负其子而至矣,焉用稼?"

——《子路》

【注】①圃:菜地,引申为种菜。②用情:情,实情,以真心实情来对待。③襁:背婴孩的背篓。

【译】樊迟向孔子请教如何种庄稼。孔子说:"我不如老农。"樊迟又请教如何种菜。孔子说："我不如老菜农。"樊迟退出以后，孔子说："樊迟真是小人。在上位者只要重视礼，老百姓就不敢不敬畏；在上位者只要重视义，老百姓就不敢不服从；在上位的人只要重视信，老百姓就不敢不用真心实情来对待你。要是做到这样，四面八方的老百姓就会背着自己的小孩来投奔，哪里用得着自己去种庄稼呢？"

成事不说，遂事不谏，既往不咎。

——《八佾》

【译】已经做过的事不用提了，已经完成的事不用再去劝阻了，已经过去的事也不必再追究了。

先进①于礼乐，野人②也；后进③于礼乐，君子④也。如用之，则吾从先进。

——《先进》

【注】①先进：指先学习礼乐而后再做官的人。②野人：朴素粗鲁的人或指乡野平民。③后进：先做官后学习礼乐的人。④君子：这里指统治者。

【译】先学习礼乐而后再做官的人，是（原来没有爵禄的）平民；先当了官然后再学习礼乐的人，是君子。如果要选用人才，那我主张选用先学习礼乐的人。

子路曰："卫君①待子为政，子将奚②先？"子曰："必也正名③乎！"子路曰："有是哉，子之迂④也！奚其正？"子曰："野哉，由也！君子于其所不知，盖阙⑤如也。名不正则言不顺，言不顺则事不成，事不成则礼乐不兴，礼乐不兴则刑罚不中⑥,刑罚不中,则民无所措手足。故君子名之必可言也,言之必可行也。君子于其言,无所苟⑦而已矣。"

——《子路》

【注】①卫君:卫出公,名辄,卫灵公之孙。其父蒯聩被卫灵公驱逐出国,卫灵公死后,蒯辄继位。蒯聩要回国争夺君位,遭到蒯辄拒绝。这里,孔子对此事提出了自己的看法。②奚:什么。③正名:即正名分。④迂:迂腐。⑤阙:同"缺",存疑的意思。⑥中:得当。⑦苟:苟且,马马虎虎。

【译】子路(对孔子)说:"卫国国君要您去治理国家,您打算先从哪些事情做起呢?"孔子说:"首先必须正名分。"子路说:"有这样做的吗? 您想得太不合时宜了。这名怎么正呢?"孔子说:"仲由,真粗野啊。君子对于他所不知道的事情,总是采取存疑的态度。名分不正,说起话来就不顺当合理,说话不顺当合理,事情就办不成。事情办不成,礼乐也就不能兴盛。礼乐不能兴盛,刑罚的执行就不会得当。刑罚不得当,百姓就不知怎么办好。所以,君子一定要定下一个名分,必须能够说得明白,说出来一定能够行得通。君子对于自己的言行,是从不马马虎虎对待的。"

子张问于孔子曰:"何如斯可以从政矣?"子曰:"尊五美,屏四恶,斯可以从政矣。"子张曰:"何谓五美?"子曰:"君子惠而不费,劳而不怨,欲而不贪,泰而不骄,威而不猛。"子张曰:"何谓惠而不费?"子曰:"因民之所利而利之,斯不亦惠而不费乎? 择可劳而劳之,又谁怨? 欲仁而得仁,又焉贪? 君子无众寡,无大小,无敢慢,斯不亦泰而不骄乎? 君子正其衣冠,尊其瞻视,俨然人望而畏之,斯不亦威而不猛乎?"子张曰:"何谓四恶?"子曰:"不教而杀谓之虐;不戒视成谓之暴;慢令致期谓之贼;犹之与人也,出纳之吝谓之有司。"

——《尧曰》

【译】子张问孔子说:"怎样才可以治理政事呢?"孔子说:"尊重五种美德,排除四种恶政,这样就可以治理政事了。"子张问:"五种美德是什么?"孔子说:"君子要给百姓以恩惠而自己却无所耗费;使百姓劳作而不使他们怨恨;要追求仁德而不贪图财利;庄重而不傲慢;威严而不凶猛。"子张说:"怎样叫要给百姓以恩惠而自己却无所耗费呢?"孔子说:"让百姓们去做对他们有利的事,这不就是对百姓有利而不掏自己的腰包嘛!选择可以让百姓劳作的时间和事情让百姓去做。这又有谁会怨恨呢?自己要追求仁德便得到了仁,又还有什么可贪的呢?君子对人,无论多少,势力大小,都不怠慢他们,这不就是庄重而不傲慢吗?君子衣冠整齐,目不斜视,使人见了就让人生敬畏之心,这不也是威严而不凶猛吗?"子张问:"什么叫四种恶政呢?"孔子说:"不经教化便加以杀戮叫作虐;不加告诫便要求成功叫作暴;不加监督而突然限期叫作贼,同样是给人财物,却出手吝啬,叫作小气。"

2. 律己　任人

其身正,不令而行;其身不正,虽令不从。

——《子路》

【译】自身正了,即使不发布命令,老百姓也会去干;自身不正,即使发布命令,老百姓也不会服从。

苟正其身矣，于从政乎何有？不能正其身，如正人何？

——《子路》

【译】如果端正了自身的行为，管理政事还有什么困难呢？如果不能端正自身的行为，怎能使别人端正呢？

苟子之不欲，虽赏之不窃。

——《颜渊》

【译】假如你自己不贪图财利，即使奖励偷窃，也没有人偷盗。

政者，正也。子帅以正，孰敢不正？

——《颜渊》

【译】政就是正的意思。您本人带头走正路，那么还有谁敢不走正道呢？

子路问政。子曰："先①之劳之②。"请益③。曰："无倦④。"

——《子路》

【注】①先：引导，先导，即教化。②之，指老百姓，做在老百姓之前，使老百姓勤劳。③益：请求增加一些。④无倦：不厌倦，不松懈。

【译】子路问怎样管理政事。孔子说："做在老百姓之前，使老百姓勤劳。"子路请求多讲一点。孔子说："不要懈怠。"

子为政，焉用杀？子欲善而民善矣。君子之德风，人小之德草，草上之风①，必偃②。

【注】①草上之风：指风加之于草。②偃：仆，倒。

【译】您治理政事，哪里用得着杀戮的手段呢？您只要想行善，老百姓也会跟着行善。君子的品德好比风，小人的品德好比草，风吹到草上，草就必定跟着倒。

举直错①诸②枉，能使枉③者直。

【注】①错：同"措"，放置。②诸：这是"之于"二字的合音。③枉：不正直，邪恶，意为选拔直者，罢黜枉者。

【译】选拔正直的人，罢黜邪恶的人，这样就能使邪者归正。

众恶之，必察焉；众好之，必察焉。

【译】大家都厌恶他，我必须考察一下；大家都喜欢他，我也一定要考察一下。

仲弓为季氏宰，问政。子曰："先有司①，赦小过，举贤才。"曰："焉知贤才而举之？"曰："举尔所知。尔所不知，人其舍诸②？"

【注】①有司：古代负责具体事务的官吏。②诸："之乎"二字的合音。

【译】仲弓做了季氏的家臣，问怎样管理政事。孔子说："先责成手下负责具体事务的官吏,让他们各负其责,赦免他们的小过错,选拔贤才来任职。"仲弓又问:"怎样知道谁是贤才而把他们选拔出来呢?"孔子说:"选拔你所知道的,至于你不知道的贤才,别人难道还会埋没他们吗?"

子张问政。子曰:"居之无倦,行之以忠。"

——《颜渊》

【译】子张问如何治理政事。孔子说:"居于官位不懈怠,执行君令要忠实。"

子曰:"邦有道,危①言危行;邦无道,危行言孙②。"

——《宪问》

【注】①危:直,正直。②孙:同"逊"。

【译】孔子说:"国家有道,要正言正行;国家无道,还要正直,但说话要随和谨慎。"

子路问事君。子曰:"勿欺也,而犯之。"

——《宪问》

【译】子路问怎样侍奉君主。孔子说:"不能欺骗他,但可以犯颜直谏。"

子曰:"善人为邦百年,亦可以胜残去杀矣。诚哉是言也!"

——《子路》

【译】孔子说:"善人治理国家,经过一百年,也就可以消除残暴,废除刑罚杀戮了。这话真对呀!"

子夏曰："君子信而后劳其民，未信，则以为厉己也。信而后谏，未信，则以为谤己也。"

——《子张》

【译】子夏说："君子必须取得信任之后才去役使百姓，否则百姓就会以为是在虐待他们。要先取得信任，然后才去规劝，否则，（君主）就会以为你在诽谤他。"

子曰："巧言乱德。小不忍则乱大谋。"

——《卫灵公》

【译】孔子说："花言巧语就败坏人的德行，小事情不忍耐，就会败坏大事情。"

或①谓孔子曰："子奚②不为政？"子曰："《书》③云：'孝乎惟孝，友于兄弟。'施于有政④，是亦为政，奚其为为政？"

——《为政》

【注】①或：有人。不定代词。②奚：疑问词，相当于"为什么"。③《书》：指《尚书》。④施于有政：施：一作施行讲；一作延及讲。

【译】有人对孔子说："你为什么不从事政治呢？"孔子回答说："《尚书》上说，'孝就是孝敬父母，友爱兄弟。'把这孝悌的道理施于政事，也就是从事政治，又要怎样才能算是为政呢？"

下篇　孟子箴言录

一、论人生

1. 信念 志向

行或使之，止或尼之。行止，非人所能也。吾之不遇鲁侯，天也。臧氏之子焉能使予不遇哉？

——《孟子·梁惠王上》

【译】要办一件事，可能有人会促使它办成；不办，可能有人会阻挠它。能不能办成事，不是人力能够决定的。我不能被鲁君赏识接见，是天意啊。姓臧的小子怎能使我不被鲁君赏识接见呢？

祸福无不自己求之者。《诗》云："永①言②配③命④民自求多福。"《太甲》⑤曰："天作孽，犹可违⑥；自作孽，不可活⑦。"此之谓也。

——《公孙丑上》

【注】①永：长久。②言：助词，无义。③配：合。④命：天命。⑤《太甲》：《尚书》中的一篇。⑥违：避。⑦活："迁"的借字，"逃"的意思。

【译】祸害和幸福都没有不是自己找来的。《诗经》说："长久地与天命相配合，自己寻求更多的幸福。"《尚书·太甲》说："上天降下的灾害还可以逃避；自己造成的罪孽可就无处可逃。"说的就是这个意思。

五百年必有王者兴，其间必有名世者。由周而来，七百有余岁矣。以其数，则过矣；以其时考之，则可矣。夫天未欲平治天下也；如欲平治天下，当今之世，舍我其谁也？

——《公孙丑下》

【译】每五百年就会有一位圣贤君主兴起，其中必定还有名望很高的辅佐者。从周武王以来，到现在已经七百多年了。从年数来看，已经超过了五百年；从时势来考察，也正应该是时候了。大概老天不想使天下太平了吧，如果想使天下太平，在当今这个世界上，除了我还有谁呢？

天下之生久矣，一治一乱。

——《滕文公下》

【译】但凡出现一个太平的"治世"，在它之前或之后，都必然有民不聊生，朝政败坏的"乱世"。

天下有道，小德役大德，小贤役大贤；天下无道，小役大，弱役强。斯二者，天也。顺天者存，逆天者亡。

——《离娄上》

【译】天下有道的时候，德行小的人是德行深厚的人的弟子门生，贤德小的人是贤德大的人的弟子门生；天下无道的时候，德行小的人役使德行深厚的人，贤德低的人役使贤德高的人。这两种规律，属于天道的自然运转。随顺天道的人能够生存，违逆天道的人就会灭亡。

有不虞①之誉，有求全之毁。

——《离娄上》

【注】①虞：预料。

【译】有意料不到的赞誉，也有过分苛求的诋毁。

（孟子）曰："天子能荐人于天，不能使天与之天下；诸侯能荐人于天子，不能使天子与之诸侯；大夫能荐人于诸侯，不能使诸侯与之大夫。昔者，尧荐舜于天，而天受之；暴①之于民，而民受之。故曰，天不言，以行与事示之而已矣。"曰："敢问荐之于天，而天受之；暴之于民，而民受之，如何？"

曰："使之主祭，而百神享之，是天受之；使之主事，而事治，百姓安之，是民受之也。天与之，人与之，故曰，天子不能以天下与人。舜相尧二十有八载，非人之所能为也，天也。尧崩，三年之丧毕，舜避尧之子于南河②之南，天下诸侯朝觐者，不之尧之子而之舜；讼狱者，不之尧之子而之舜；讴歌者，不讴歌尧之子而讴歌舜。故曰，天也。夫然后之中国③，践天子位焉。而④居尧之宫，逼尧之子，是篡也，非天与也。《太誓》曰：'天视自我民视，天听自我民听。'此之谓也。"

——《万章上》

【注】①暴：显露，公开。②南河：舜避居处，在今山东濮县东二十五里，河在尧都之南，故称南河。③中国：这里指帝都。④而：如。

【译】孟子回答说："天子能够向天推荐人，但不能强迫天把天下授予人；诸侯能够向天子推荐人，但不能强迫天子把诸侯之位授予这人；大夫能够向诸侯推荐人，但不能强迫诸侯把大夫之位授予这人。从前，尧向天推荐了舜，天接受了；又把舜公开介绍给老百姓，老百姓也接受了。所以说，天不说话，拿行动和事情来表示罢了。"万章说："请问推荐给天，天接受了；公开介绍给老百姓，老百姓也接受了是怎么回事呢？"

　　孟子说："叫他主持祭祀，所有神明都来享用，这是天接受了；叫他主持政事，政事治理得很好，老百姓很满意，这就是老百姓也接受了。天授予他，老百姓授予他，所以说，天子不能够拿天下授予人。舜辅佐尧治理天下二十八年，这不是凭一个人的意志能够做得到的，而是天意。尧去世后，舜为他服丧三年，然后便避居于南河的南边去，为的是要让尧的儿子继承天下。可是，天下诸侯朝见天子的，都不到尧的儿子那里去，却到舜那里去；打官司的，都不到尧的儿子那里去，却到舜那里去；歌颂的人，也不歌颂尧的儿子，却歌颂舜。所以这是天意。这样，舜才回到帝都，登上了天子之位。如果先前舜就占据尧的宫室，逼迫尧的儿子让位，那就是篡夺，而不是天授予他的了。《太誓》说过：'上天所见来自我们老百姓的所见，上天所听来自我们老百姓的所听。'说的正是这个意思。"

　　天与贤，则与贤；天与子，则与子。昔者舜荐禹于天，十有七年，舜崩。三年之丧毕，禹避舜之子于阳城。天下之民从之，若尧崩之后，不从尧之子而从舜也。禹荐益于天，七年，禹崩。三年之丧毕，益避禹之子于箕山之阴。朝觐讼狱者不之益而之启，曰："吾君之子也。"讴歌者不讴歌益而讴歌启，曰："吾君之子也。"丹朱之不肖，舜之子亦不肖。舜之相尧，禹之相舜也，历年多，施泽于民久。启贤，能敬承继禹之道。益之相禹也，历年少，施泽于民未久。舜、禹、益相去久远，其子之贤不肖，皆天也，非人之所能为也。莫之为而为者，天也；莫之致而至者，命也。匹夫而有天下者，德必若舜禹，而又有天子荐之者，故仲尼不有天下。继世以有天下，天之所废，必若桀纣者也，故益、伊尹、周公不有天下。伊尹相汤以王于天下。汤崩，太丁未立，外丙二年，仲壬四年。太甲颠覆汤之典刑，伊尹放之于桐。三年，太甲悔过，自怨自艾，于桐处仁迁义；三年，以听伊尹之训己也，复归于亳。周公之不有天下，犹益之于夏，伊尹之于殷也。孔子曰："唐虞禅，夏后殷周继，其义一也。"

——《万章上》

【译】天意让传与贤人，那么就传与贤人；天意让传给儿子，那么就传给儿子。过去，舜推荐禹也是按上天的意思，十七年以后，舜去世。三年之丧之后，禹在于阳城回避舜之子。天下老百姓都听从禹，与尧去世之后，老百姓不听从尧之子而听从舜的事情一样。大禹曾推荐过益，七年，禹去世。三年之丧毕，益避禹之子于箕山之阴。朝觐讼狱的人都不去找益而找启，说："你才是我君的儿子。"讴歌者，不歌颂益而歌颂启，说："你才是吾君之子也。"丹朱之不成气，舜之子亦不气。舜被尧看中，禹被舜选中，时间长，施恩泽给老百姓长久。启贤，所以能敬承继禹之道路。益被禹选中，时间短，没有施泽于民。舜、禹、益相去久远，他们儿子的贤德或不贤，都是天意吧，非人力之能控制的。凡事不是人力所能办到的却自然办到了的，都是天意。不是人力所能招致的却自然来到了的，就是命运。一个平民而能拥有天下，品德修养必然像舜和禹一样的，而且还要有天子的推荐，所以孔子就没能拥有天下。继承祖先而拥有天下的，上天所废弃的，必然是像夏桀、商纣一样的人，所以益、伊尹、周公也没能拥有天下。伊尹辅佐商汤统一了天下，商汤去世，太丁也没有做天子，外丙继位两年，仲壬在位四年，太甲破坏了商汤的典章法律，伊尹就把他流放到桐邑。过了三年，太甲悔过认罪，自己埋怨自己，在桐邑学习仁爱和改变行为方式，三年中，他听从伊尹对自己的训导，于是又回到亳都当天子。周公之所以没能拥有天下,就和益在夏代、伊尹在殷朝一样。孔子说:"再(尧)虞(舜)让贤,夏商周三代子孙继位相传,其意义都是一样的。"

尧舜,性之也;汤武,身之也;五霸,假之也。久假而不归,恶知其非有也?

——《尽心上》

【译】尧、舜是本性具备仁义,汤王、武王是亲身实践仁义,五霸是假借仁义。假借久了而不归还,哪能知道他们本来是没有仁义的呢?

2.人品　心性

有大人①之事,有小人之事。且一人之身,而百工之所为备,如必自为而后用之,是率天下而路②也。故曰,或劳心,或劳力:劳心者治人,劳力者治于人;治于人者食人,治人者食于人;天下之通义也。

——《滕文公上》

【注】①大人:这里指有地位的人,与下文"小人"相对。②路:指奔波、劳累。

【译】官吏有官吏的事,百姓有百姓的事。况且,每一个人所需要的生活用品都要靠各种工匠的产品才能齐备,如果都一定要自己亲手做成才能使用,那就是率领天下的人疲于奔命。所以说:有的人脑力劳动,有的人体力劳动;脑力劳动者统治人,体力劳动者被人统治;被统治者养活别人,统治者靠别人养活;这是通行天下的原则。

人之所以异于禽兽者几希①，庶民去之，君子存之。舜明于庶物，察于人伦，由仁义行，非行仁义也。

——《离娄下》

【注】①几希：少，一点点。

【译】人和禽兽的差异就那么一点儿，一般人抛弃它，君子却保存它。舜明白一般事物的道理，了解人类的常情，于是从仁义之路而行，而不是为行仁义而行仁义。

何以异于人哉？尧舜与人同耳。

——《离娄下》

【译】为什么和别人不同呢？就是尧和舜也和一般人一样。

人性之善也，犹水之就①下也。人无有不善，水无有不下。今天水，搏而跃之，可使过颡②；激而行之，可使在山。是岂水之性哉？其势则然也。人之可使为不善，其性亦犹是也。

——《告子上》

【注】①就：趋向。②颡：额头。

【译】人性向善，就像水往低处流一样。人性没有不善良的，水没有不向低处流的。当然，如果水受拍打而飞溅起来，能使它高过额头；加压迫使它倒行，能使它流上山岗。这难道是水的本性吗？是形势迫使它如此的。人可以迫使他做坏事，本性的改变也像这样。

若夫为不善,非才①之罪也。恻隐之心,人皆有之;羞恶之心,人皆有之;恭敬之心,人皆有之;是非之心,人皆有之。恻隐之心,仁也;羞恶之心,义也;恭敬之心,礼也;是非之心,智也。仁义礼智,非由外铄②我也,我固有之也,弗思耳矣。故曰:"求则得之,舍则失之。"或相倍蓰③而无算者,不能尽其才者也。《诗》曰④:"天生蒸⑤民,有物有则⑥。民之秉⑦彝⑧,好是懿⑨德。"

——《告子上》

【注】①才:指天生的资质。②铄(shuò):授予。③蓰(xǐ):五倍。④《诗》曰:引自《诗经·大雅·蒸民》。⑤蒸:众。⑥则:法则。⑦秉:执。⑧彝:常。⑨懿:美。

【译】至于说有些人不善良,那不能归罪于天生的资质。同情心,人人都有;羞耻心,人人都有;恭敬心,人人都有;是非心,人人都有。同情心属于仁;羞耻心属于义;恭敬心属于礼;是非心属于智。这仁义礼智都不是由外在的因素加给我的,而是我本身固有的,只不过平时没有去想它因而不觉得罢了。所以说:"探求就可以得到,放弃便会失去。"人与人之间有相差一倍、五倍甚至无数倍的,正是由于没有充分发挥他们的天生资质的缘故。《诗经》说:"上天生育了人类,万事万物都有法则。老百姓掌握了这些法则,就会有崇高美好的品德。"

富岁,子弟多赖①;凶岁,子弟多暴,非天之降才尔②殊③也,其所以陷溺其心者然也。今夫麰麦④,播种而耰⑤之,其地同,树⑥之时又同,浡⑦然而生,至于日至⑧之时,皆熟矣。虽有不同,则地有肥硗⑨,雨露之养、人事之不齐也。故凡同类者,举相似也,何独至于人而疑之? 圣人,与我同类者。故龙子[10]曰:"不知足而为履,我知其不为蒉[11]也。"屦之相似,天下之足同也。口之于味,有同耆[12]四也。易牙[13]先得我口之所喜者也。如使口之于味也,其性与人殊[14],若犬马之与我不同类也,则天下何耆皆从易牙之于味也?至于味,天下期于易牙,是天下之口相似也。惟[15]耳亦然。至于声,天下期于师旷,是天下之耳相似也。惟目亦然。至于子都[16],天下莫不知其姣也。不知子都之姣者,无目者也。故曰,口之于味也,有同耆焉;耳之于声也,有同听焉;目之于色也,有同美焉。至于心,独无所同然乎?心之所同然者何也?谓理也,义也。圣人先得我心之所同然耳。故理义之悦我心,犹刍豢[17]之悦我口。

——《告子上》

【注】①赖:同"懒"。②尔:这样,如此。③殊:不同。④牟(móu)麦:大麦。⑤耰(yōu):本为农具名,此处作动词,指用土覆盖种子。⑥树:动词,种植。⑦浡(bó):旺盛。⑧日至:即夏至。⑨硗(qiāo):土地贫瘠,不肥沃。⑩龙子:古代的贤人。⑪蒉(kuì):筐、篮。⑫耆(shì):通"嗜"。⑬易牙:春秋时齐国最擅烹调的人,齐桓公的宠臣。⑭与人殊:即"人与人殊"之意。⑮惟:此处为语首词,无义。⑯子都:春秋时代美男子。⑰刍豢(huàn):泛指家畜。食草家畜如牛羊称刍;食谷家畜如猪狗称豢。

【译】丰收年成,少年子弟多半懒惰;灾荒年成,少年子弟多半横暴,不是天生资质这样不同,而是由于外部环境使他们的心有所陷溺。以大麦而论,播种后用土把种子覆盖好,同样的土地,同样的播种时间,它们蓬勃地生长,到了夏至时,全都成熟了。虽然有收获多少的不同,但那是由于土地有肥瘠,雨水有多少,人工有勤惰而造成的。所以凡是同类的事物,其主要的方面都是相似的,为什么一说到人就发生疑问了呢?圣人，与我是同类的人嘛。所以龙子说："不用知道脚的长短去编一双鞋，我也知道是绝不会编成一个筐子的。"草鞋的相近，是因为天下人的脚都大致相同。口对于味道，有相同的嗜好，易牙就是先掌握了我们的共同嗜好的人。假如口对于味道，每个人都根本不同，就像狗、马与我们完全不同类一样，那么天下的人怎么会都喜欢易牙烹调出来的味道呢？一说到口味，天下的人都期望做到易牙那样，这说明天下人的口味都是相近的。对耳朵来说也是这样，一提到音乐，天下的人都期望做到师旷那样，这说明天下人的听觉都是相近的。对眼睛来说也是这样，一提到子都，天下人没有不认为他美的。不认为子都美丽的，是没有眼睛的人。所以说，口对于味道，有相同的嗜好；耳朵对于声音，有相同的听觉；眼睛对于颜色，有相同的美感。一说到心，难道就偏偏没有相同的地方了吗？心相同的地方在哪里？在理，在义。圣人不过就是先掌握了我们内心相同的东西罢了。所以理义使我的心高兴，就像猪狗牛羊肉使我觉得味美一样。

虽存乎人者，岂无仁义之心哉？其所以放其良心者，亦犹斧斤之于木也，旦旦而伐之，可以为美乎？其日夜之所息，平旦①之气，其好恶与人相近也者几希，则其旦昼②之所为，有梏亡③之矣。梏之反复，则其夜气不足以存；夜气不足以存，则其违禽兽不远矣。人见其禽兽也，而以为未尝有才焉者，是岂人之情也哉？故苟得其养，无物不长；苟失其养，无物不消。孔子曰："操则存，舍则亡；出人无时，莫知其乡④。"惟心之谓与？

——《告子上》

【注】①平旦：黎明，天刚亮时。②旦昼：第一天。有：同"又"。③梏（gù）：拘禁，束缚。梏亡指因受束缚而消亡。④乡：乡里，"居"的意思。

【译】即使在一些人身上也是如此，难道没仁义之心吗？他们的放任良心失去，也像用斧头砍伐树木一样，天天砍伐，还可以保持茂盛吗？他们日日夜夜的生息，在天刚亮时的清明之气，这些在他心里所产生出来的好恶与一般人相近的也有那么一点点，可到了第二天，他们的所作所为，又把它们窒息而消亡了。反复窒息的结果，便使他们夜晚的息养之气不足以存在了，夜晚的息养之气不足以存在，也就和禽兽差不多了。人们见到这些人的所作所为和禽兽差不多，还以为他们从来就没有过天生的资质。这难道是人的本性如此吗？所以，假如得到滋养，没有什么东西不生长；假如失去滋养，没有什么东西不消亡。孔子说过："把握住就存在，放弃就失去；进出没有一定的时候，也不知道它去向何方。"这就是指人心而言的吧？

孟子曰："从其大体为大人，从其小体为小人。……耳目之官不思，而蔽于物。物交物，则引之而已矣。心之官则思，思则得之，不思则不得也。此天之所与我者。先拉乎其大者，则其小者弗能夺也。此为大人而已矣。"

——《告子上》

【译】孟子说："注重身体重要部分的成为君子，注重身体次要部分的成为小人。……眼睛耳朵这类器官不会思考，所以被外物所蒙蔽，一与外物相接触，便容易被引入迷途。心这个器官则有思考的能力，一思考就会有所得，不思考就得不到。这是上天特意赋予我们人类的。所以，首先把心这个身体的重要部分树立起来，其他次要部分就不会被引入迷途。这样便可以成为君子了。"

故天将降大任于是人也，必先苦其心志，劳其筋骨，饿其体肤，空乏其身，行拂乱其所为，所以动心忍性，曾①益其所不能。人恒过，然后能改；困于心，衡②于虑，而后作；征③于色，发于声，而后喻。入则无法家拂士④，出则无敌国外患者，国恒亡。然后知生于忧患而死于安乐也。

——《告子下》

【注】①曾：同"增"。②衡：通"横"，指横塞。③征：表征，表现。④法家拂士：法家，有法度的大臣；拂，假借为"弼"，辅佐；"拂士"即辅佐的贤士。

【译】所以上天将要把重大使命降落到某人身上，一定要先使他的意志受到磨炼，使他的筋骨受到劳累，使他的身体忍饥挨饿，使他备受穷困之苦，做事总是不能顺利。这样来震动他的心志，坚韧他的性情，增长他的才能。人总是要经常犯错误，然后才能改正错误；心气郁结，殚思极虑，然后才能奋发而起；显露在脸色上，表达在声音中，然后才能被人了解。一个国家，内部没有守法的大臣和辅佐的贤士，外部没有敌对国家的忧患，往往容易亡国。由此可以知道，忧患使人生存，安逸享乐却足以使人败亡。

尽其心者，知其性也。知其性，则知天矣。存其心，养其性，所以事天也。夭寿不贰，修身以俟之，所以立命也。

——《尽心上》

【译】充分去实践内心的觉知，就会知道自我的根本天性。知道了自我的根本天性，就懂得了宇宙的规律。保存内心灵性的觉知，养育本元天性,这就是符合宇宙规律而行作的正确方法。肉体寿命的短暂与长久都不会改变正确的信念,修养身心等待恰当的时机,这就是建立使命的正确方法。

莫非命也,顺受其正。是故知命者不立乎岩墙之下。尽道而死者,正命也;桎梏死者,非正命也。

——《尽心上》

【译】一切都是命运,顺应它就承受正常的命运。所以知道命运的人不站在危险的墙下。尽力行道而死的人,所承受的是正常的命运;犯罪受刑而死的人,所承受的是非正常的命运。

求则得之,舍则失之,是求有益于得也,求在我者也。求之有道,得之有命,是求无益于得也,求在外者也。

——《尽心上》

【译】求索就能得到,放弃便会失去,这种求索有益于得到,因为所求的东西就在我自身。求索有一定的方法,能否得到却决定于天命,这种求索无益于得到,因为所求的东西是身外之物。

万物皆备于我矣。反身而诚,乐莫大焉。强恕而行,求仁莫近焉。

——《尽心上》

【译】万物我都具备了。反躬自问诚实无欺,便是最大的快乐。尽力按恕道办事,便是最接近仁德的道路。

待文王而后兴者,凡民也。若夫豪杰之士,虽无文王犹兴。

——《尽心上》

【译】一定要等待有周文王那样的人出现后才奋发的,是平庸的人。至于豪杰之士,即使没有周文王那样的人出现,自己也能奋发有为。

人之所不学而能者,其良能①也;所不虑而知者,其良知也。孩提之童②无不知爱其亲者,及其长也,无不知敬其兄也。亲亲,仁也;敬长,义也。无他,达之天下也。

——《尽心上》

【注】①良:指本能的,天然的。良能、良知已作为专门的哲学术语,以不译为妥。②孩提之童:指两三岁之间的小孩子。

【译】人不用学习就能的,是良能;不用思考就知道的,是良知。两三岁的小孩子没有不知道亲爱他父母的,等到他长大,没有不知道尊敬他兄长的。亲爱父母是仁;尊敬兄长是义。没有其他原因,因为这两种品德是通行天下的。

舜之居深山之中,与木石居,与鹿豕游,其所以异于深山之野人者几希。及其闻一善言,见一善行,若决江河,沛然莫之能御也。

——《尽心上》

【译】舜居住在深山里,与树木、石头做伴,与鹿、猪相处,他区别于深山里不开化百姓的地方是很少的。等他听了一句善言,见了一种善行,像决了口的江河一般,澎湃之势没有谁能阻挡得住的。

有事君人者，事是君则为容悦者也；有安社稷臣者，以安社稷为悦者也；有天民者，达可行于天下而后行之者也；有大人者，正己而物正者也。

——《尽心上》

【译】有侍奉君主的人，专以讨得君主的欢心为喜悦；有安定国家的臣子，以安定国家为喜悦；有顺应天理的人，当他的主张能行于天下时，他才去实行；有伟大的人，端正自己，天下万物便随之端正。

广土众民，君子欲之，所乐不存焉；中天下而立，定四海之民，君子乐之，所性不存焉。君子所性，虽大行①不加焉，虽穷居不损焉，分定故也。君子所性，仁义礼智根于心，其生色也睟然②，见于面，盎③于背，施于四体，四体不言而喻。

——《尽心上》

【注】①大行：指理想、抱负行于天下。②睟然：颜色润泽。③盎：显露。

【译】拥有广阔的土地、众多的人民，这是君子所想望的，但却不是他的快乐所在；立于天下的中央，安定天下的百姓，这是君子的快乐，但却不是他的本性所在。君子的本性，纵使他的抱负实现也不会增加，纵使他穷困也不会减少，因为他的本分已经固定。君子的本性，仁义礼智植根于内心，外表神色清和润泽，呈现于脸面，流溢于肩背，充实于四肢，四肢的动作，不用言语，别人也能理解。

饥者甘食，渴者甘饮。是未得饮食之正也，饥渴害之也。岂惟口腹有饥渴之害？人心亦皆有害。人能无以饥渴之害为心害，则不及人不为忧矣。

——《尽心上》

【译】饥饿的人觉得任何食物都是美味的,干渴的人觉得任何饮料都是可口的。他们不能够吃喝出饮料和食物的正常滋味,是由于饥饿和干渴的妨害。难道只有嘴巴和肚子有饥饿和干渴的妨害吗?心灵也同样有妨害。一个人能够不让饥饿和干渴那样的妨害去妨害心灵,那就不会以自己不及别人为忧虑了。

居移气,养移体,大哉居乎!夫非尽人之子与?……王子宫室、车马、衣服多与人同,而王子若彼者,赔使之然也。况居天下之广居①者乎?鲁君之宋,呼于垤泽之门②。守者曰:"此非吾君也,何其声之似我君也?"此无他,居相似也。

——《尽心上》

【注】①广居:孟子的"广居"指仁。如《滕文公下》所说:"居天下之广居,立天下之正位。"②垤泽之门:宋国城门。

【译】地位改变气度,奉养改变体质,地位是多么重要啊!他不也是人的儿子吗?……王子的住所、车马、衣服多半与他人相同,而王子像那个样子,是他的地位使他那样的。何况那处在天下最广大地位上的人呢?鲁国的国君到宋国去,在宋国的城门下呼喊。守门的人说:"这人不是我们的国君,他的声音怎么这样像我们的国君呢?"这没有别的原因,他们的地位相似罢了。

形色,天性也;惟圣人,然后可以践形。

——《尽心上》

【译】人的身体容貌是天生的,(这种外表的美要靠内在的美来充实它)只有圣人才能做到。

圣人,百世之师也,伯夷、柳下惠是也。故闻伯夷之风者,顽夫廉,懦夫有立志;闻柳下惠之风者,薄夫敦,鄙夫宽。奋乎百世之上,百世之下闻者莫不兴起也。非圣人而能若是乎?而况于亲炙之者乎?

——《尽心下》

【译】圣人是百代人的老师,伯夷和柳下惠就是这样的人。所以听到伯夷的风尚的人,贪得无厌的人都廉洁起来了,懦弱的人也都有独立的意志了。听到柳下惠的风格和操守的人当中,即使是刻薄成性的人也变得厚道了,胸襟狭窄的人也变得宽宏大度了。他们在百代之前奋发有为,百代之后,听到他们事迹的人没有不为之感奋振作的。不是圣人能够像这样吗?更何况对于那些同时代亲受他们熏陶的人呢?

口之于味也,目之于色也,耳之于声也,鼻之于臭也,四肢之于安佚也,性也,有命焉,君子不谓性也。仁之于父子也,义之于君臣也,礼之于宾主也,智之于贤者也,圣人之于天道也,命也,有性焉,君子不谓命也。

——《尽心下》

【译】口对于美味,眼睛对于美色,耳朵对于好听的声音,鼻子对于香味,四肢对于安逸,这是天性,其中有命的作用,所以君子不强调天性。仁对于父子关系,义对于君臣关系,礼对于宾主关系,智慧对于贤者,圣人对于天道,这都由命决定的,其中也有天性的作用,所以君子不强调命的作用。

人皆有所不忍,达之于其所忍,仁也;人皆有所不为,达之于其所为,义也。人能充无欲害人之心,而仁不可胜用也;人能充无穿逾之心,而义不可胜用也;人能充无受尔汝之实,无所往而不为义也。

——《尽心下》

【译】人人都有不忍心干的事,把它推及到他所忍心去干的事上,就是仁;人人都有不肯去干的事,把它推及到他所肯干的事上,就是义。一个人能把不想害人的心理扩展开去,仁就用不尽了;一个人能把不愿扒洞翻墙的心理扩展开去,义就不尽了;一个人能把不愿受人轻蔑的心理扩展开去,那么无论到哪里,都是符合的了。

尧舜,性者也;汤武,反之也。动容周旋中礼者,盛德之至也。哭死而哀,非为生者也。经德不回,非以干禄也。言语必信,非以正行也。君子行法,以俟命而已矣。

——《尽心下》

【译】尧和舜,是本性的人;商汤和武王,则是返回本性的人。行动和仪容在对人际关系中符合社会行为规范的人,是盛大的规律很高的表现。痛哭死者而悲哀,并不是为了活着的人。经过规律的修养而不返回世俗,并不是想要求取利禄。言谈语言必然诚信,并不是为了端正行为。君子行为于法度,只是遵守命运的安排而已。

说①大人,则藐之,勿视其巍巍然。堂高数仞,榱题②数尺,我得志,弗为也。食前方丈,侍妾数百人,我得志,弗为也。般乐饮酒,驱骋田猎,后车千乘,我得志,弗为也。在彼者,皆我所不为也;在我者,皆古之制也。吾何畏彼哉?

——《尽心下》

【注】①说:向……进言。 ②榱题:也叫"出檐",指屋檐的前端。

【译】向位高显贵的人说话,要藐视他,不要把他的显赫地位和权势放在眼里。哪怕他殿堂高两三丈,屋檐好几尺宽,如果我得志,并不屑于这些;哪怕他佳肴满桌,侍奉的姬妾好几百,如果我得志,并不屑于这些;哪怕他饮酒作乐,驰驱打猎,随从车辆成百上千,如果我得志,并不屑于这些。他所拥有的,都是我不屑于有的;我所希望的,是古代的礼乐制度。我为什么要怕他呢?

3. 功名 利益

周霄①问曰:"古之君子仕乎?"

孟子曰:"仕。传曰:'孔子三月无君,则皇皇如也;出疆必载质。'公明仪②曰:'古之人三月无君,则吊。'"

"三月无君则吊,不以急乎?"

曰:"士之失位也,犹诸侯之失国家也。《礼》曰:'诸侯耕助③,以供粢盛;夫人④蚕缫,以为衣服。牺牲不成,粢盛不洁,衣服不备,不敢以祭。惟士无田,则亦不祭。'牲杀、器皿、衣服不备,不敢以祭,则不敢以宴,亦不足吊乎?"

"出疆必载质,何也?"

曰:"士之仕也,犹农夫之耕也;农夫岂为出疆舍其耒耜哉?"

曰:"晋国亦仕国也,未尝闻仕如此其急。仕如此其急也,君子之难仕,何也?"

曰:"丈夫生而愿为之有室,女子生而愿为之有家;父母之心,人皆有之。不待父母之命、媒妁之言,钻穴隙相窥,逾墙相从,则父母国人皆贱之。古之人未尝不欲仕也,又恶不由其道。不由其道而往者,与钻穴隙之类也。"

——《滕文公下》

【注】①周霄:战国时魏人。②公明仪:鲁国贤人。③耕助:即"耕藉"。藉,藉田,帝王亲耕之田。古代每到开春,都有耕藉之礼,以示重视农业。其礼先由天子亲耕,然后三公九卿诸侯大夫等依次躬耕。④夫人:诸侯的妻子。

【译】周霄问道:"古代的君子做官吗?"

孟子说:"做官。古代的记载说:'孔子三个月没有被君主任用,就惶惶不安;离开这个国家时,必定要带上谒见另一个国家君主的见面礼。公明仪说过:'古代的人如果三个月不被君主任用,那就要去安慰他。'"

"三个月不被君主任用,就要去安慰,不是求官太迫切了吗?"

孟子说:"士失掉了官位,就像诸侯失掉了国家。《礼》上说:'诸侯亲自耕种,用来供给祭品;夫人养蚕缫丝,用来供给祭服。(用作祭祀的)牛羊不肥壮,谷米不洁净,礼服不齐备,就不敢用来祭祀。士(失掉了官位就)没有田地俸禄,也就不能祭祀。'(祭祀用的)牲畜、祭器、祭服都不齐备,不敢用来祭祀,也就不敢宴请,(就像遇到丧事的人一样)还不该去安慰他吗?"

"离开一国时,定要带上谒见别的国君的礼物,为什么呢?"

孟子说:"士做官,就像农夫种田;农夫难道会因为离开一个国家就丢弃他的农具吗?"

周霄说:"我们魏国也是个有官可做的国家,却不曾听说想做官这样急迫的。想做官这样急迫,君子却又不轻易去做官,为什么呢?"

孟子说:"男孩一出生,就愿给他找妻室,女孩一出生,就愿给她找婆家;父母的这种心情,人人都是有的。(但是,如果)不等父母的同意、媒人的说合,就钻洞扒缝互相偷看,翻过墙头跟人,那么父母和社会上的人都会认为这种人下贱。古代的君子不是不想做官,但又厌恶不从正道求官。不从正道求官,是同钻洞扒缝之类行径一样的。"

彭更①问曰:"后车数十乘,从者数百人,以传食②于诸侯,不以泰乎?"

孟子曰:"非其道,则一箪食不可受于人;如其道,则舜受尧之天下,不以为泰③乎? 子以为泰乎?"

曰:"否。士无事而食,不可也。"

曰:"子不通功易事④,以羡⑤补不足,则农有余粟,女有余布。子如通之,则梓匠轮舆⑥皆得食于子。于此有人焉,入则孝,出则悌,守先王之道,以待⑦后之学者,而不得食于子。子何尊梓匠轮舆而轻为仁义者哉?"
曰:"梓匠轮舆,其志将以求食也;君子之为道也,其志亦将以求食与?"

曰:"子何以其志为哉? 其有功于子,可食而食之矣。且子食志乎? 食功乎?"

曰:"食志。"

曰:"有人于此,毁瓦画墁⑧,其志将以求食也,则子食之乎?"

曰:"否。"

曰:"然则子非食志也,食功也。"

——《滕文公下》

【注】①彭更:人名,孟子的学生。②传食:指住在诸侯的驿舍(宾馆)里接受饮食。传,驿舍,相当于今天的宾馆。③泰:同"太",过分。④通功易事:交流成果,交换物资。⑤羡:余,多余。⑥梓匠轮舆:指制造车轮和车箱的工人。⑦待:同"持",扶持。⑧墁:本义为粉刷墙壁的工具,这里指新粉刷过的墙壁。

【译】彭更问道:"跟在身后的车几十辆,跟随的人几百个,从这个诸侯国吃到那个诸侯国,不是太过分了吗?"

孟子说:"如果不正当,就是一篮子饭也不能够接受;如果正当,就是像舜那样接受了尧的天下也不过分。你说这过分吗?"

彭更说:"不,我不是这个意思。我是觉得,读书人不劳动而白吃饭,是不对的。"

孟子说:"你如果不互通有无,交换各行各业的产品,用多余的来补充不足的,就会使农民有多余的粮食没人吃,妇女有多余的布没人穿。你如果互通有无,那么,木匠车工都可以从你那里得到吃的。比如说这里有一个人,在家孝顺父母,出门尊敬长辈,奉行先王的圣贤学说,来培养后代的学者,却不能从你那里得到吃的。你怎么可以尊重木匠车工却轻视奉行仁义道德的人呢?"

彭更说:"木匠车工,他们干活的动机就是为了求饭吃。读书人研究学问,其动机不也是为了求饭吃吗?"

孟子说:"你为什么以他们的动机来看问题呢?只要他们对你有功绩,应该给他们吃的,那就给他们吃的罢了。况且,你是论动机给他们吃的,还是论功绩给他们吃的呢?"

彭更说:"论动机。"

孟子说:"比如这里有一个人,把屋瓦打碎,在新刷好的墙壁上乱画,但他这样做的动机是为了弄到吃的,你给他吃的吗?"

彭更说:"不。"

孟子说:"那么,你不是论动机,而是论功绩的了。"

孟子谓乐正子曰:"子之从于子敖来,徒餔啜也。我不意子学古之道而以餔啜也。"

——《离娄上》

【译】孟子对乐正子说:"你跟着王子敖来,只是为了混饭吃罢了。我没有想到,你学习古人的道理,竟是用它来混饭吃。"

由君子观之,则人之所以求富贵利达者,其妻妾不羞也,而不相泣者,几希矣!

——《离娄下》

【译】在君子看来,人们用来求取升官发财的方法,能够不使他们的妻妾引以为耻而共同哭泣的,是很少的!

万章问曰:"人有言,伊尹以割烹要汤,有诸?"

孟子曰:"否,不然。伊尹耕於有莘之野,而乐尧、舜之道焉。非其义也,非其道也,禄之以天下,弗顾也;系马千驷,弗视也。非其义也,非其道也,一介不以与人,一介不以取诸人。汤使人以币聘之,嚣嚣然曰:'我何以汤之聘币为哉？我岂若处畎亩之中，由是以乐尧、舜之道哉？'汤三使往聘之，既而幡然改曰：'与我处畎亩之中，由是以乐尧、舜之道，吾岂若使是君为尧、舜之君哉！吾岂若使是民为尧、舜之民哉！吾岂若於吾身亲见之哉！天之生此民也，使先知觉后知，使先觉觉后觉也。予天民之先觉者也，予将以斯道觉斯民也，非予觉之而谁也！'思天下之民，匹夫匹妇有不被尧、舜之泽者，若己推而内之沟中；其自任以天下之重如此！故就汤而说之以伐夏救民。吾未闻枉己而正人者也，况辱己以正天下者乎！圣人之行不同也：或远，或近，或去，或不去，归洁其身而已矣。吾闻其以尧、舜之道要汤，未闻以割烹也。《伊训》曰：'天诛造攻自牧宫，朕载自亳。'"

——《万章上》

【译】万章问道："有人说，伊尹靠着割肉烹调去求汤，有这么回事么？"

孟子说："不是这样的。伊尹在有莘的田里耕种，喜欢尧、舜之道。不合道义的人请他做官，即使把整个天下给他做俸禄，他也不考虑，送来了四千匹马，他也不看一眼。不合他的道义，一点也不给人，一点也不从别人那里拿东西。商汤派人带着聘礼聘请他，他高兴地说：'我要汤的财物干什么呢？我哪里抵得上生活在田间而喜欢尧、舜之道呢？'商汤三次派人去请。他后来改变了想法：'我与其生活在民间，这样去喜欢尧、舜之道，哪里如我亲自见到像尧、舜这样的君主呢？老天爷产生了人民，是让其中先知先觉的人教导后知后觉者。我是上天老百姓中先明白道理的人，我将用这种道理教导民众，我要不教导他们谁还行呢！'想着天下的老百姓，普通男女有没得到尧、舜之君恩泽的，就像是自己把他们推到了沟中；他承担着如此重任！所以才去汤那里劝他伐夏桀去拯救老百姓。我没听说玷污冤枉自己能纠正别人的，更何况降低自己的身份去改变天下呢！圣人的行为有所不同：有的隐居，有人出仕，有的离开了，有的没有，归根到底都是要保持自身的纯洁。我听说伊尹用尧、舜之道求汤，没听说用割肉、烹调的方法求汤。《伊训》上说：'上天的讨伐从夏桀自己那里开始，我则从亳开始计划伐他。'"

仕非为贫也，而有时乎为贫；娶妻非为养也，而有时乎为养。为贫者，辞尊居卑，辞富居贫。辞尊居卑，辞富居贫，恶乎宜乎？抱关①击柝②。孔子尝为委吏③矣，曰："会计当而已矣。"尝为乘田④矣，曰："牛羊茁壮长而已矣。"位卑而言高，罪也；立乎人之本朝⑤，而道不行，耻也。

——《万章下》

【注】①抱关：守门的小卒。②击柝：打更；柝，指打更用的梆子。③委吏：管仓库的小吏。④乘田：掌苑圃的小吏，负责牲畜的饲养和放牧。⑤本朝：朝廷。

【译】做官不是因为贫穷，但有时也是因为贫穷；娶妻不是了孝养父母，但有时也是为了孝养父母。因为贫穷而做官的，便应该拒绝高官而居于低位，拒绝厚禄而只受薄禄。拒绝高官而居于低位，拒绝厚禄而只受薄禄，做什么合适呢？比如说做守门打更一类的小吏。孔子曾经做过管理仓库的小吏，只说："出入的账目清楚了。"又曾经做过管理牲畜的小吏，只说："牛羊都长得很壮实。"地位低下却议论朝廷大事，这是罪过；身在朝廷做官而不能实现自己的抱负，这是耻辱。

孟子曰："鱼，我所欲也，熊掌亦我所欲也；二者不可得兼，舍鱼而取熊掌者也。生亦我所欲也，义亦我所欲也；二者不可得兼，舍生而取义者也。生亦我所欲，所欲有甚于生者，故不为苟得也；死亦我所恶，所恶有甚于死者，故患有所不辟也。如使人所欲莫甚于生，则凡可以得生者，何不用也？使人之所恶莫甚于死者，则凡可以辟①患者，何不为也？由是则生而有不用也，由是则可以辟患而有不为也。是故所欲有甚于生者，所恶有甚于死者。非独贤者有是心也，人皆有之，贤者能勿丧耳。一箪食，一豆②羹，得之则生，弗得则死，呼尔③而与之，行道之人弗受；蹴尔④而与之，乞人不屑也。万钟则不辨礼义而受之。万钟于我何加焉？为宫室之美、妻妾之奉、所识穷乏者得⑤我与？乡⑥为身死而不受，今为宫室之美为之；乡为身死而不受，今为妻妾之奉为之；乡为身死而不受，今为所识穷乏者得我而为之，是亦不可以已乎？此之谓失其本心。"

——《告子上》

【注】①辟：同"避"。②豆：古代盛羹汤的器具。③呼尔：轻声地呼喝。④蹴（cù）尔：以脚践踏。⑤得：通"德"，这里指以我为德，即感激的意思。⑥乡：同"向"，向来，一向，从前。

【译】孟子说："鱼是我喜欢吃的，熊掌也是我喜欢吃的；如果不两样都吃，我就舍弃鱼而吃熊掌。生命是我想拥有的，正义也是我想拥有的；如果不能两样都拥有，我就舍弃生命而坚持正义。生命是我想拥有的，但是还有比生命更使我想拥有的，所以我不愿意苟且偷生；死亡是我厌恶的，但是还有比死亡更使我厌恶的，所以我不愿意因为厌恶死亡而逃避某些祸患。如果让人想拥有的没有超过生命的，那么，只要是可以活命，什么事情干不出来呢？如果让人厌恶的没有超过死亡的，那么，只要是可以逃避死亡的祸患，什么事情干不出来呢？但也有些人，照此做就可以拥有生命，照此做就可以逃避死亡的祸患，却不照此做。由此可知，的确有比生命更使人想拥有的东西,也的确有比死亡更使人厌恶的东西。这种心原本不只是贤人才有,而是人人都有,只不过贤人能够保持它罢了。一篮子饭,一碗汤,吃了便可以活下去,不吃就要饿死。如果吆喝着给人吃,过路的人虽然饿着肚子也不会接受;如果用脚踩踏后再给人吃,就是乞丐也不屑于接受。可是现在,万钟的俸禄却有人不问合乎礼义与否就接受了。万钟的俸禄对我有什么好处呢?为了住宅的华丽、妻妾的奉养以及我所认识的穷苦人感激我吗?过去宁肯死亡都不接受的,现在却为了住宅的华丽而接受了;过去宁肯死亡都不接受的,现在却为了妻妾的奉养而接受了;过去宁肯死亡都不接受的,现在却为了我所认识的穷苦人感激我而接受了,这些不是可以停止的吗?这种做法叫作丧失了本性。"

有天爵者,有人爵者。仁义忠信,乐善不倦,此天爵也;公卿大夫,此人爵也。古之人修其天爵,而人爵从之。今之人修其天爵,以要①人爵,既得人爵,而弃其天爵,则惑之甚者也,终亦必亡而已矣。

——《告子上》

【注】①要:即"邀",求取,追求。

【译】有天赐的爵位,有人授的爵位。仁义忠信,不厌倦地乐于行善,这是天赐的爵位;公卿大夫,这是人授的爵位。古代的人修养天赐的爵位,水到渠成地获得人授的爵位。现在的人修养天赐的爵位,其目的就在于得到人授的爵位,一旦得到人授的爵位,便抛弃了天赐的爵位。这可真是糊涂得很啊,最终连人授的爵位也必定会失去。

欲贵者,人之同心也。人人有贵于己者,弗思耳。人之所贵者,非良贵也。赵孟①之所贵,赵孟能贱之。《诗》云:"既醉以酒,既饱以德。"而饱乎仁义也,所以不愿②人之膏粱③之味也;令闻广誉施于身,所以不愿人之文绣④也。

——《告子上》

【注】①赵孟:春秋时晋国正卿赵盾,字孟。他的子孙如著名的赵文子赵武、赵简子赵鞅、赵襄子赵无恤等都因袭赵盾而称赵孟。这里以赵孟代指有权势的人物,不一定具体指哪一个。②愿:羡慕。③膏粱:肥肉叫膏;精细色白的小米叫粱,而不是指今日的高粱。④文绣:古代要有爵位的人才能穿有文绣的衣服。

【译】希望尊贵,这是人们的共同心理。不过,每个人自己其实都有可尊贵的东西,只不过平时没有去想到它罢了。别人所给与的尊贵,并不是真正的尊贵。赵孟使你尊贵,赵孟也同样可以使你下贱。《诗经》说:"酒已经醉了,德已经饱了。"这是说仁义道德很充实,也就不羡慕别人的美味佳肴了;四方传播的好名声在我身上,也就不羡慕别人的绣花衣裳了。

先生以利说秦楚之王,秦楚之王悦于利,以罢三军之师,是三军之士乐罢而悦于利也。为人臣者怀利以事其君,为人子者怀利以事其父,为人弟者怀利以事其兄,是君臣、父子、兄弟终去仁义,怀利以相接,然而不亡者,未之有也。先生以仁义说秦楚之王,秦楚之王悦于仁义,而罢三军之师,是三军之士乐罢而悦于仁义也。为人臣者怀仁义以事其君,为人子者怀仁义以事其父,为人弟者怀仁义以事其兄,是君臣、父子、兄弟去利,怀仁义以相接也,然而不王者,未之有也。何必曰利?

——《告子下》

【译】先生用利去劝说秦王楚王,秦王楚王因为有利而高兴,于是停止军事行动,军队的官兵也因为有利而高兴,于是乐于罢兵。做臣下的心怀利害关系来侍奉君主,做儿子的心怀利害关系来侍奉父亲,做弟弟的心怀利害关系来侍奉哥哥,这就会使君臣之间、父子之间、兄弟之间都完全去掉仁义,心怀利害关系来互相对待,这样不使国家灭亡的,是没有的。若是先生以仁义的道理去劝说秦王楚王,秦王楚王因仁义而高兴,于是停止军事行动,军队的官兵也因仁义而高兴,于是乐于罢兵。做臣下的心怀仁义来侍奉君主,做儿子的心怀仁义来侍奉父亲,做弟弟的心怀仁义来侍奉哥哥,这就会使君臣之间、父子之间、兄弟之间都完全去掉利害关系,心怀仁义来互相对待,这样还不能够使天下归服的,是没有的。何必要去谈"利"呢?

孟子曰:"居下位,不以贤事不肖者,伯夷也;五就汤,五就桀者,伊尹也;不恶污君,不辞小官者,柳下惠也。三子者不同道,其趋一也。一者何也? 曰,仁也。君子亦仁而已矣,何必同?"

——《告子下》

【译】孟子说:"处在低下的地位,不以贤人的身份侍奉不贤的君主,这是伯夷的态度;五次到汤那里做事,五次到桀那里做事,这是伊尹的态度;不讨厌昏庸的君主,不拒绝微小的官职,这是柳下惠的态度。三个人做法不同,方向是一致的。一致的是什么? 就是仁。君子只要仁就行了,何必要处处相同?"

陈子曰:"古之君子何如则仕?"孟子曰:"所就三,所去三。迎之致敬以礼,言将行其言也,则就之;礼貌未衰,言弗行也,则去之。其次,虽未行其言也,迎之致敬以有礼,则就之;礼貌衰,则去之。其下,朝不食,夕不食,饥饿不能出门户。君闻之,曰:'吾大者不能行其道,又不能从其言也。使饥饿于我土地,吾耻之。'周之。变可受也,免死而已矣。"

——《告子下》

【译】陈子问道:"古代的君子怎样才肯做官?"孟子说:"去做官有三种情况,辞去官职有三种情况。(君主)恭敬礼貌地迎接他,并将按他所说的去实行,那就去做官;礼貌没有衰减,却不再按他说的去做了,那就辞去官职。其次,虽然没有按他说的去做,但也恭敬礼貌地迎接他去,那就去做官;一旦礼貌也衰减了,那就辞去官职。最差的是,早上没饭吃,晚上也没饭吃,饿得出不了门。君主知道后,说:'我在大政方针上不能实行他的主张,又不能听取他的言论,致使他在我的国土上又饥又饿,对此我感到耻辱。'于是周济他。这也是可以接受的,是为了免于饿死罢了。"

孟子曰:"附之以韩魏之家①,如其自视欲②然,则过人远矣。"

——《尽心上》

【注】①韩魏之家:指春秋末期晋国六卿中的韩魏两家。这两家当时拥有很大的权势和很多的财产。②欲:"坎"的假借字,视盈若虚的意思。

【译】孟子说:"把韩魏两大家的财富增加给他,如果他还自认为没有什么,那他就远远超过一般人了。"

孟子曰：“鸡鸣而起，孳孳①为善者，舜之徒也；鸡鸣而起，孳孳为利者，跖②之徒也。欲知舜与跖之分，无他，利与善之间③也。”

——《尽心上》

【注】①孳孳：同“孜孜”，勤勉不懈。②跖：相传为柳下惠的弟弟，春秋时的大盗，所以又称“盗跖”。③间：区别，差异。

【译】孟子说：“鸡叫便起床，孜孜不倦地行善的人，是舜一类的人物；鸡叫便起床，孜孜不倦地求利的人，是盗跖一类的人物。要想知道舜和跖有什么区别，没有别的，利和善的不同罢了。”

公孙丑问曰：“仕而不受禄，古之道乎？”曰：“非也。于崇，吾得见王，退而有去志，不欲变，故不受也。继而有师命，不可以请。久于齐，非我志也。”

——《公孙丑下》

【译】公孙丑问道：“做了官却不接受俸禄，这是古代的规矩吗？”孟子回答道：“不是的。在崇地，我见到了齐王，回来后就有了离开齐国的想法，我不想改变，所以不接受（俸禄）。接着齐国有战事，不便申请离开。长时间待在齐国，不是我的意愿。”

陈代①曰：“不见诸侯，宜若小然；今一见之，大则以王，小则以霸。且《志》曰：‘枉②尺而直寻③’，宜若可为也。”

孟子曰：“昔齐景公田④，招虞人以旌⑤，不至，将杀之。志士不忘⑥在沟壑，勇士不忘丧其元⑦。孔子奚取焉？取非其招不往也。如不待其招而往，何哉？且夫枉尺而直寻者，以利言也。如以利，则枉寻直尺而利，亦可为与？昔者赵简子⑧使王良⑨与嬖奚⑩乘，终日而不获一禽。嬖奚反命⑪曰：'天下之贱工也。'或以告王良。良曰：'请复之。'强而后可，一朝而获十禽。嬖奚反命曰：'天下之良工也。'简子曰：'我使掌与汝乘。'谓王良。良不可，曰：'吾为之范我驰驱⑫，终日不获一；为之诡遇⑬，一朝而获十。诗云：不失其驰，舍矢如破⑭。我不贯⑮小人乘，请辞。'御者且羞与射者比⑯；比而得禽兽，虽若丘陵，弗为也。如枉道而从彼，何也？且子过矣：枉己者，未有能直人者也。"

——《滕文公下》

【注】①陈代：孟子的学生。②枉：屈。③寻：八尺为一寻。④田：打猎。⑤招虞人以旌：虞人，狩猎场的小官。古代君王有所召唤，一定要有相应的标志，旌旗是召唤大夫的，弓是召唤士的，若是召唤虞人，只能用皮冠，所以这个虞人不理睬齐景公用旌旗的召唤。⑥不忘：不忘本来是常常想到的意思，虽然常常想到自己"在沟壑"和"丧其元"的结局，但并不因此而贪生怕死。所以，这里的"不忘"也可以直接理解为"不怕"。⑦元：首，脑袋。⑧赵简子：名鞅，晋国大夫。⑨王良：春秋末年著名的善于驾车的人。⑩嬖奚：一个名叫奚的受宠的小臣。⑪反命：复命。反同"返"。⑫范我驰驱：使我的驱驰规范。"范"在这里作动词，使……规范。⑬诡遇：不按规范驾车。⑭不失其驰，舍矢如破：意为按规范驾车，箭放出就能射中目标。⑮贯：同"惯"，习惯。⑯比：合作。

【译】陈代说："不去拜见诸侯，似乎只是拘泥于小节吧；如今一去拜见诸侯，大则可以实施仁政使天下归服，小则可以称霸诸侯。况且《志》书上说：'弯曲着一尺长，伸展开来八尺长'，似乎是可以这样以屈求伸的吧。"

孟子说:"从前齐景公打猎,用旌旗召唤猎场的管理员,那管理员因为他召唤的方式不对而不予理睬。齐景公想杀了他,他却一点也不怕。因而受到孔子的称赞。所以,有志之士不怕弃尸山沟,勇敢的人不怕丢掉脑袋。孔子认为那猎场管理员哪一点可取呢?就是取他因召唤不当就不去的精神。如果我不等到诸侯的召唤就自己上门去,是为了什么呢?况且,所谓弯曲着一尺长,伸展开来八尺长的说法,是从利益的角度来考虑问题的。如果从利益的角度来考虑问题,就是弯曲着八尺长,伸展开一尺,那也是有利益的啊,难道也可以干吗?从前赵简子命令王良为他所宠爱的名叫奚的小臣驾车去打猎,整整一天没有打着一只猎物。奚回去后向赵简子报告说:'王良真是天下最不会驾车的人了。'有人把这话告诉了王良。王良便对奚说:'请让我再为您驾一次车。'奚勉强同意了,结果一个清晨就打了十只猎物。奚回去后又向赵简子报告说:'王良真是天下最会驾车的人啊。'赵简子说:'我让他专门为你驾车吧。'当赵简子征求王良的意见时,王良却不肯干了,他说:'我按规范为他驾车,他一整天都打不到一只猎物;我不按规范为他驾车,他却一个清晨就打了十只猎物。《诗经》说:按照规范驾车去,箭一放出就能射中目标。我不习惯为他这样的小人驾车,请您让我辞去这个差事。'驾车的人尚且羞于与不好的射手合作;即便合作可以打到堆积如山的猎物也不干。如果我现在扭曲自己去追随那些诸侯,那又是为了什么呢?况且,你的看法是错误的:扭曲自己,是不可能让别人正直的。"

王！何必曰利？亦有仁义①而已矣。王曰何以利吾国？大夫②曰何以利吾家③？士庶人曰，何以利吾身？上下交征利而国危矣。万乘④之国，弑其君者，必千乘之家；千乘之国，弑其君者，必百乘之家。万取千焉，千取百焉，不为不多矣。苟为后义而先利，不夺不餍⑤。未有仁而遗其亲者也，未有义而后其君者也。王亦曰仁义而已矣，何必曰利？

——《梁惠王上》

【注】①仁义："仁"是儒家的一种含义广泛的道德观念，是各种善的品德的概括，核心指人与人相互亲爱。"义"，儒家学说指思想行为符合一定的准则。②大夫：先秦时代职官等级名，国君之下有卿、大夫、士三级。③家：大夫的封邑。封邑是诸侯封赐所属卿、大夫作为世禄的田邑，又称采地。④乘：量词，一车四马为一乘。当时战争的形式主要是车战，一辆兵车由四匹马拉，车上有三名武装战士，后有若干步兵。古代常以兵车的多少衡量诸侯国或卿大夫封邑的大小。⑤餍：满足。

【译】大王！何必说利呢？只要说仁义就行了。大王说，'怎样使我的国家有利？'大夫说，'怎样使我的家庭有利？'一般人士和老百姓说，'怎样使我自己有利？'结果是在上位的人和在下位的人互相争夺利益，国家就危险了啊。在一个拥有一万辆兵车的国家里，杀害他国君的人，一定是拥有一千辆兵车的大夫；在一个拥有一千辆兵车的国家里，杀害他国君的人，一定是拥有一百辆兵车的大夫。这些大夫在一万辆兵车的国家中就拥有一千辆，在一千辆兵车的国家中就拥有一百辆，他们的拥有不算不多。如果以道义为后却以利益为先，不夺得国君的地位不会满足。从来没有讲仁的人却抛弃父母的,从来也没有讲义的人却不顾君王的。所以,大王只说仁义就行了,为什么一定说利呢?

非其君不事,非其民不使;治则进,乱则退,伯夷也。何事非君,何使非民;治亦进,乱亦进,伊尹也。可以仕则仕,可以止则止,可以久则久,可以速则速,孔子也。皆古圣人也,吾未能有行焉;乃所愿,则学孔子也。

——《公孙丑上》

【译】不是理想的君主不去侍奉,不是理想的百姓不去使唤;天下安定就入朝做官,天下动乱就辞官隐居,这是伯夷的处世方法。可以侍奉不好的君主,可以使唤不好的百姓;天下安定去做官,天下动乱也去做官,这是伊尹的处世方法。该做官就做官,该辞官就辞官,该任职长一些就任职长一些,该赶快辞职就赶快辞职,这是孔子的处世方法。都是古代的圣人,我还做不到他们这样;至于我所希望的,那就是学习孔子。

二、论修养

1. 道德 修养

无恻隐之心，非人也；无羞恶之心，非人也；无辞让之心，非人也；无是非之心，非人也。恻隐之心，仁之端①也；羞恶之心，义之端也；辞让之心，礼之端也；是非之心，智之端也。人之有是四端也，犹其有四体也。有是四端而自谓不能者，自贼者也；谓其君不能者，贼其君者也。凡有端于我②者，知皆扩而充之矣，若火之始然③，泉之始达。苟能充之，足以保④四海；苟不充之，不足以事父母。

——《公孙丑上》

【注】①端：开端，起源，源头。②我：同"己"。③然，同"燃"。④保：定，安定。

【译】没有同情心，简直不是人；没有羞耻心，简直不是人；没有谦让心，简直不是人；没有是非心，简直不是人。同情心是仁的发端；羞耻心是义的发端；谦让心是礼的发端；是非心是智的发端。人有这四种发端，就像有四肢一样。有了这四种发端却自认为不行的，是自暴自弃的人；认为他的君主不行的，是暴弃君主的人。凡是有这四种发端的人，知道都要扩大充实它们，就像火刚刚开始燃烧，泉水刚刚开始流淌。如果能够扩充它们，便足以安定天下；如果不能够扩充它们，就连赡养父母都成问题。

北宫黝之养勇也：不肤桡，不目逃；思以一豪挫于人，若挞之于市朝；不受于褐宽博，亦不受于万乘之君；视刺万乘之君，若刺褐夫；无严诸侯，恶声至，必反之。孟施舍之所养勇也，曰："视不胜犹胜也；量敌而后进，虑胜而后会，是畏三军者也。舍岂能为必胜哉？能无惧而已矣。"孟施舍似曾子，北宫黝似子夏。夫二子之勇，未知其孰贤，然而孟施舍守约也。昔者曾子谓子襄曰："子好勇乎？吾尝闻大勇于夫子矣：自反而不缩，虽褐宽博，吾不惴焉；自反而缩，虽千万人，吾往矣。"孟施舍之守气，又不如曾子之守约也。

——《公孙丑上》

【译】北宫黝这样培养勇气：肌肤被刺不退缩，双目被刺不转睛；但他觉得，受了他人一点小委屈，就像在大庭广众之中被人鞭打了一般；既不受平民百姓的羞辱，也不受大国君主的羞辱；把行刺大国君主看得跟行刺普通百姓一样；毫不畏惧诸侯，听了恶言，一定回击。孟施舍这样培养勇气，他说："把不能取胜看作能够取胜；估量了势力相当才前进，考虑到能够取胜再交战，这是畏惧强大的敌人。我哪能做到必胜呢？能无所畏惧罢了。"孟施舍像曾子，北宫黝像子夏。这两人的勇气，不知道谁强些，但孟施舍是把握住了要领。从前，曾子对子襄说："你喜欢勇敢吗？我曾经在孔子那里听到过关于大勇的道理：反省自己觉得理亏，那么即使对普通百姓，我也不去恐吓；反省自己觉得理直，纵然面对千万人，我也勇往直前。"孟施舍的保持勇气，又不如曾子能把握住要领。

（孟子）曰："我知言，我善养吾浩然之气。"

（公孙丑曰）"敢问何谓浩然之气？"

（孟子）曰：“难言也。其为气也，至大至刚，以直养而无害，则塞于天地之间。其为气也，配义与道；无是，馁也。是集义所生者，非义袭而取之也。行有不慊于心，则馁矣。我故曰，告子未尝知义，以其外之也。必有事焉而勿正，心勿忘，勿助长也。无若宋人然。宋人有闵其苗之不长而揠之者，芒芒然归。谓其人曰：‘今日病矣，予助苗长矣。’其子趋而往视之，苗则槁矣。天下之不助苗长者寡矣。以为无益而舍之者，不耘苗者也；助之长者，揠苗者也。非徒无益，而又害之。”

——《公孙丑上》

【译】（孟子）说：“我能理解别人的言辞，我善于培养我拥有的浩然之气。”

（公孙丑说）“请问什么叫浩然之气呢？”

（孟子）说：“这难以说得明白。那浩然之气，最宏大最刚强，用正义去培养它而不用邪恶去伤害它，就可以使它充满天地之间无所不在。那浩然之气，与仁和义道德相配合辅助；不这样做，那么浩然之气就会像人得不到食物一样疲软衰竭。浩然之气是由正义在内心长期积累而形成的，不是通过偶然的正义行为来获取它的。自己的所作所为有不能心安理得的地方，则浩然之气就会衰竭。所以我说，告子不曾懂得什么是义，是因为把义看成是心外之物。一定要在心中有集义这件事而不要停止，心中不要忘记，不要用外力（违背规律地）帮助它成长。不要像宋人那样。宋国有个担心他的禾苗不长而拔起它们的人，疲倦地回到家。对家人说：‘今天我疲累至极啊，我帮助禾苗长高了。’他的儿子跑到地里去看，禾苗都干枯了。天下人不犯这种拔苗助长错误的是很少的。认为养护庄稼没有用处而不去管它们的，是不给作物除草的人；帮助庄稼生长的,是这种拔苗助长的人。不仅仅没有益处,反而害死了庄稼。"

(公孙丑问)"何谓知言?"

(孟子)曰:"诐辞知其所蔽,淫辞知其所陷,邪辞知其所离,遁辞知其所穷。生于其心,害于其政;发于其政,害于其事。圣人复起,必从吾言矣。"

——《公孙丑上》

【译】(公孙丑问)"什么叫能识别各种言论?"

(孟子)说:"偏颇的言论,知道它不全面的地方;过激的言论,知道它陷入错误的地方;邪曲的言论,知道它背离正道的地方;躲闪的言论,知道它理屈辞穷的地方。从心里产生出来,会危害政治;从政治上表现出来,会危害各种事业。如果有圣人再次出现,一定会赞成我所说的。"

麒麟之于走兽,凤凰之于飞鸟,泰山之于丘垤,河海之于行潦,类也;圣人之于民,亦类也。出于其类,拔乎其萃。自生民以来,未有盛于孔子也。

——《公孙丑上》

【译】麒麟对于走兽,凤凰对于飞鸟,泰山对于土丘,河海对于水沟,都是同类的;圣人对于一般的人,也是同类的。都高出了同类,超出了同群。自有人类以来,没有比孔子更伟大的了。

仁则荣,不仁则辱。今恶辱而居不仁,是犹恶湿而居下也。

——《公孙丑上》

【译】仁就获得尊荣，不仁就招来耻辱。如今有人厌恶耻辱却又安于不仁，这就像厌恶潮湿却又安于居住在低洼的地方一样。

矢人岂不仁于函人哉？矢人唯恐不伤人，函人唯恐伤人。巫匠亦然。故术不可不慎也。孔子曰："里仁为美。择不处仁，焉得智？"夫仁，天之尊爵也，人之安宅也。莫之御而不仁，是不智也。不仁、不智，无礼、无义，人役也。人役而耻为役，由弓人而耻为弓，矢人而耻为矢也。如耻之，莫如为仁。仁者如射：射者正己而后发；发而不中，不怨胜己者，反求诸己而已矣。

——《公孙丑上》

【译】造箭的人难道比造铠甲的人不仁吗？造箭的唯恐不能射伤人，造铠甲的唯恐使人被射伤。巫医和木匠之间的关系也是这样。所以谋生的职业不能不慎重选择啊。孔子说："住在有仁德的地方才好。经过选择却不住在有仁德的地方，哪能算聪明？"仁，是天最尊贵的爵位，是人最安定的住所。没有谁阻挡他，他却不仁，这是不明智。不仁、不智，无礼、无义，只配当别人的仆役。当了仆役而觉得当仆役羞耻，就像造弓的觉得造弓可耻，造箭的觉得造箭可耻一样。果真觉得可耻，不如就行仁。行仁的人就如比赛射箭：射箭首先要端正自己的姿势，然后放箭；射不中，不怨恨赢了自己的人，只有反过来在自己身上找原因罢了。

孟子曰："子路，人告之以有过，则喜。禹①闻善言，则拜。大舜有大焉，善与②人同，舍己从人，乐取于人以为善。自耕稼、陶、渔以至为帝，无非取于人者。取诸人以为善，是与人为善者也。故君子莫大乎与人为善。”

——《公孙丑上》

【注】①禹：传说中古代部落联盟的领袖，曾奉舜命治理洪水，后成为夏朝开国君主。②与：帮助，赞许。

【译】孟子说：“子路，别人指出他的过错，他就高兴。禹，听到善言，就拜谢。伟大的舜又超过了他们，好品德愿和别人共有，抛弃缺点，学人长处，乐于吸取别人的优点来修养自己的品德。舜从当农夫、陶工、渔夫，直到成为天子，没有哪一点长处不是从别人那里学来的。吸取众人的长处来修养自己的品德，这又有助于别人培养品德。所以，君子没有比帮助别人培养好品德更好的了。”

孟子曰：“伯夷，非其君不事，非其友不友。不立于恶人之朝，不与恶人言。立于恶人之朝，与恶人言，如以朝衣朝冠坐于涂炭。推恶恶之心，思与乡人立，其冠不正，望望然去之，若将浼焉。是故诸侯虽有善其辞命而至者，不受也。不受也者，是亦不屑就已。柳下惠①不羞污君，不卑小官；进不隐贤，必以其道；遗佚而不怨，厄穷而不悯。故曰：‘尔为尔，我为我，虽袒裼裸裎②于我侧，尔焉能浼我哉？’故由由然与之偕而不自失焉，援而止之而止。援而止之而止者，是亦不屑去已。”孟子曰：“伯夷隘，柳下惠不恭。隘与不恭，君子不由也。”

——《公孙丑上》

【注】①柳下惠：春秋时鲁国大夫，姓展，名获，字禽；因封邑在柳下（地名），谥号“惠”，故称为柳下惠。②袒裼裸裎：袒裼，肉体袒露；裸裎，露身。

【译】孟子说："伯夷，不是他理想的君主就不去侍奉，不是他中意的朋友就不去结交。不在恶人的朝廷里做官，不同恶人交谈。在恶人的朝廷里做官，同恶人交谈，就觉得像是穿戴着上朝的衣帽坐在泥土炭灰上一样。把这种厌恶恶人的心情推广开去，他就会想，如果同一个乡下人站在一起，那人帽子戴得不正，就该生气地离开他，就像会被他玷污似的。因此，诸侯即使有用动听的言辞来请他的，他也不接受。不接受，就是不屑于接近他们。柳下惠不认为侍奉坏君主是羞耻的事，也不因为官职小而瞧不上；到朝廷做官，不掩藏自己的贤能，必定按自己的原则行事；被国君遗弃而不怨恨，处境穷困而不忧伤。所以他说：'你是你，我是我，即使你赤身裸体地在我身旁，你又哪能玷污我呢？'所以他能高高兴兴地同这样的人处在一起而不失去自己的风度，拉他留下，他就留下。拉他留下他就留下，这也就是不屑于离开罢了。"孟子又说："伯夷狭隘，柳下惠不严肃。狭隘与不严肃，君子是不效仿的。"

无处而馈之，是货之也。焉有君子而可以货取乎？

——《公孙丑下》

【译】没有理由而赠送，这是收买我啊。哪有君子可以用钱收买的呢？

有官守者，不得其职则去；有言责者，不得其言则去。我无官守，我无言责也，则吾进退，岂不绰绰然有余裕哉？

——《公孙丑下》

【译】有官职的人，如果无法行使他的职责就辞职；有进谏责任的，无法尽到进谏的责任就辞职。我既没有官职，又没有进谏的责任，那么我的行动进退，难道不是宽宽绰绰大有回旋余地了吗？

　　且古之君子，过则改之；今之君子，过则顺之。古之君子，其过也，如日月之食，民皆见之；及其更也，民皆仰之。今之君子，岂徒顺之，又从为之辞。

——《公孙丑下》

　　【译】况且，古代的君子，犯了过错就改正；现在的君子，犯了过错却照样犯下去。古代的君子，他的过错就像日食月食一样，人民都能看到；等他改正后，人民都仰望着他。现在的君子，岂止是坚持错误，竟还为错误作辩解。

　　吾闻出于幽谷迁于乔木者，未闻下乔木而入于幽谷者。

——《滕文公上》

　　【译】我只听说过从幽暗的山沟飞出来迁往高大的树木的，从没听说过从高大的树木飞下来迁往幽暗的山沟的。

　　居天下之广居，立天下之正位，行天下之大道。得志，与民由之；不得志，独行其道。富贵不能淫，贫贱不能移，威武不能屈，此之谓大丈夫。

——《滕文公下》

　　【译】住在天下最宽广的住宅里，站在天下最正确的位置上，走着天下最光明的大道。得志的时候，便与老百姓一同前进；不得志的时候，便独自坚持自己的原则。富贵不能使我骄奢淫逸,贫贱不能使我改移节操,威武不能使我屈服意志,这样才叫作大丈夫。

孟子曰:"今有人日攘其邻之鸡者,或告之曰:'是非君子之道!'曰:'请损之,月攘一鸡,以待来年,然后已。'如知其非义,斯速已矣,何待来年?"

——《滕文公下》

【译】孟子说:"现在有一个人每天偷邻居家的一只鸡,有人告诫他说:'这不是正派人的行为!'他便说:'请让我先减少一些,每月偷一只,等到明年再彻底洗手不干。'如果知道这种行为不合于道义,就应该赶快停止,为什么要等到明年呢?"

孟子曰:"规矩,方员之至也;圣人,人伦之至也。"

——《离娄上》

【译】孟子说:"圆规、曲尺,是方和圆的最高标准;圣人,是做人的最高典范。"

三代之得天下也以仁,其失天下也以不仁。国之所以废兴存亡者亦然。天子不仁,不保四海;诸侯不仁,不保社稷;卿大夫不仁,不保宗庙;士庶人不仁,不保四体。今恶死亡而乐不仁,是犹恶醉而强酒。

——《离娄上》

【译】夏、商、周三代的得天下,是由于仁;他们失掉天下,是由于不仁。国家衰败、兴盛、生存、灭亡的原因也是这样。天子不仁,不能保住天下;诸侯不仁,不能保住国家;卿大夫不仁,不能保住宗庙;士人和百姓不仁,不能保住自身。如果害怕死亡,却又乐意干不仁的事,这就像害怕喝醉却硬要多喝酒一样。

爱人不亲,反其仁;治人不治,反其智;礼人不答,反其敬。行有不得者皆反求诸己,其身正而天下归之。《诗》云:"永言配命,自求多福。"

——《离娄上》

【译】爱别人,别人不来亲近,就要反问自己仁的程度;治理别人却治理不好,就要反问自己智的程度;礼貌待人,别人却不理睬,就要反问自己恭敬的程度。行为有得不到预期效果的,都要反过来求问自己,自身端正了,天下的人就会来归附他。《诗经》上说:"永远配合天命,自己求来众多的幸福。"

人有恒言,皆曰,'天下国家'。天下之本在国,国之本在家,家之本在身。

——《离娄上》

【译】人们有句常说的话,都这么说,'天下国家'。天下的根本在于国,国的根本在于家,家的根本在于自身。

有孺子歌曰:"沧浪①之水清兮,可以濯我缨;沧浪之水浊兮,可以濯我足。"孔子曰:"小子听之! 清斯濯②缨③,浊斯濯足矣,自取之也。"夫人必自侮,然后人侮之;家必自毁,而后人毁之;国必自伐,而后人伐之。《太甲》曰④:"天作孽,犹可违;自作孽,不可活。"此之谓也。

——《离娄上》

【注】①沧浪：前人有多种解释。或认为是水名（汉水支流），或认为是地名（湖北均县北），或认为是指水的颜色（青苍色）。各种意思都不影响对原文的理解。②濯：洗。③缨：系帽子的丝带。④《太甲》曰：《公孙丑上》已引过这句话，可参见。

【译】有个小孩子唱道："沧浪的水清呀，可以洗我的帽缨；沧浪的水浊呀，可以洗我的双脚。"孔子听了说："弟子们听好了啊！水清就用来洗帽缨，水浊就用来洗双脚，这都是因为水自己造成的。"所以，一个人总是先有自取其辱的行为，别人才侮辱他；一个家庭总是先有自取毁坏的因素，别人才毁坏它；一个国家总是先有自取讨伐的原因，别人才讨伐它。《太甲》说："上天降下的灾害还可以逃避；自己造成的罪孽可就无处可逃了。"说的就是这个意思。

孟子曰："人之易其言也，无责耳矣。"

——《离娄上》

【译】孟子说："一个人说话随随便便，那就不值得责备他了。"

孟子曰："人之患在好为人师。"

——《离娄上》

【译】孟子说："人们的毛病在于喜欢充当别人的老师。"

舜生于诸冯，迁于负夏，卒于鸣条，东夷之人也。文王生于岐周，卒于毕郢，西夷之人也。地之相去也，千有余里；世之相后也，千有余岁。

得志行乎中国，若合符节。先圣后圣，其揆一也。

——《离娄下》

【译】舜出生在诸冯，迁徙于负夏，最后在鸣条去世，舜是东方人。周文王出生于岐周，去世于毕郢，周文王是西方人。东方和西方，两者相距一千多里；舜和周文王，两者前后相差一千多年。但他们二人为王当政之时，在国中所行的法令制度，却像符节一样，能够一致。这说明，无论是以前的圣人，还是后来的圣人，他们治理国家的准则是一致的。

孟子曰："非礼之礼，非义之义，大人弗为。"

——《离娄下》

【译】孟子说："明达之士从来不按不符合礼仪的礼节和背离仁义标准内的义行行事。"

孟子曰："言人之不善，当如后患何？"

——《离娄下》

【译】孟子说："说人家的坏话，招来后患如何是？"

大人者，言不必信，行不必果，惟义所在。

——《离娄下》

【译】通达的人说话不一定句句守信，做事不一定非有结果不可，只要合乎道义就行。

大人者,不失其赤子①之心者也。

——《离娄下》

【注】①赤子:婴儿。

【译】伟大的人是童心未泯的人。

孟子曰:"言无实不祥。不祥之实,蔽贤者当之。"

——《离娄下》

【译】孟子说:"说话没有事实根据是不好的。不祥的后果由阻碍进用贤者的人承受。"

以善服人者,未有能服人者也;以善养人,然能服大下。天下不心服而王者,未之有也。

——《离娄下》

【译】单凭善就想令人心服,是不能够使人心服的;要用善去培养教育人,才能够使天下的人心服。天下的人不心服而想统一天下,这是不可能的。

徐子①曰:"仲尼亟称于水,曰'水哉,水哉!'何取于水也?"

孟子曰:"源泉混混,不舍昼夜,盈科而后进,放乎四海。有本者如是,是之取尔。苟为无本,七八月之间雨集,沟浍皆盈,其涸也,可立而待也。故声闻过情,君子耻之。"

——《离娄下》

【注】①徐子:姓徐,名辟,孟子弟子。

【译】徐子说："孔子多次称赞水，说道'水啊，水啊！'对于水，孔子取它哪一点呢？"

孟子说："源头里的泉水滚滚涌出，日夜不停，注满洼坑后继续前进，最后流入大海。有本源的事物都是这样，孔子就取它这一点罢了。如果没有本源，像七八月间的雨水那样，下得很集中，大小沟渠都积满了水，但它们的干涸却只要很短的时间。所以，声望超过了实际情况，君子认为是可耻的。"

可以取，可以无取，取伤廉；可以与，可以无与，与伤惠；可以死，可以无死，死伤勇。

——《离娄下》

【译】可以拿取，也可以不拿取的，拿取了有损廉洁；可以给与，也可以不给与的，给予了有损恩惠；可以死，也可以不死的，死了有损勇敢。

西子蒙不洁，则人皆掩鼻而过之；虽有恶人，齐①戒沐浴，则可以祀上帝。

——《离娄上》

【注】①齐：繁体为"斋"，与斋字的繁体"斋"形近，故得假借为斋。

【译】西施蒙上了脏东西，那么人人都会掩着鼻子走过她跟前；即使长得丑陋的人，只要斋戒沐浴，那么也可以祭祀上帝。

天下之言性也，则故而已矣。故者以利为本。所恶于智者，为其凿也。如智者若禹之行水也，则无恶于智矣。禹之行水也，行其所无事也。

如智者亦行其所无事，则智亦大矣。

——《离娄上》

【译】天下之人所说的本性，无非指万物固有的道理而已。固有的道理是以顺乎自然作根本的。之所以要讨厌聪明，是因为它穿凿附会。如果聪明得能像禹使水顺势流泄那样，那就不会讨厌聪明了。禹使水顺势流泄，做的是不用穿凿而顺其自然的事。如果聪明人也能做不用穿凿而顺其自然的事，那聪明也就大得了不起了。

孟子曰："君子所以异于人者，以其存心也。君子以仁存心，以礼存心。仁者爱人，有礼者敬人。爱人者，人恒爱之；敬人者，人恒敬之。有人于此，其待我以横逆①，则君子必自反也：我必不仁也，必无礼也，此物②奚宜③至哉？其自反而仁矣，自反而有礼矣，其横逆由④是也，君子必自反也：我必不忠？自反而忠矣，其横道由是也，君子曰：'此亦妄人也已矣。如此，则与禽兽奚⑤哉？禽兽又河难⑥焉？'是故君子有终身之忧，无一朝之患也。乃若所忧则有之：舜，人也；我，亦人也。舜为法⑦于天下，可传于后世。我由未免为乡人也，是则可忧也。忧之如何？如舜而已矣。若夫君子所患则亡矣。非仁无为也，非礼无行也。如有一朝之患，则君子不患矣。"

——《离娄下》

【注】①横逆：蛮横无礼。②此物：指上文所说"横逆"的态度。③奚宜：怎么应当。④由：通"犹"。下文"我由未免为乡人也"中的"由"也通"犹"。⑤奚：区别。⑥难：责难。⑦法：楷模。

【译】孟子说："君子之所以不同于其他人，是因为他内心所怀的念头不同。君子内心所怀的念头是仁,是礼。仁爱的人爱别人,礼让的人尊敬别人。爱别人的人,别人也经常爱他;尊敬别人的人,别人也经常尊敬他。假定这里有个人,他对我蛮横无礼,那君子必定反躬自问:我一定不仁,一定无礼吧,不然的话,他怎么会对我这样呢? 如果反躬自问是仁的,是有礼的,而那人仍然蛮横无礼,君子必定再次反躬自问:我一定不忠吧? 如果反躬自问是忠的,而那人仍然蛮横无礼,君子就会说:'这人不过是个狂人罢了。这样的人和禽兽有什么区别呢? 而对禽兽又有什么可责难的呢?'所以君子有终身的忧虑,但没有一朝一夕的祸患。比如说这样的忧虑是有的:舜是人,我也是人。舜是天下的楷模,名声传于后世,可我却不过是一个普通人而已。这个才是值得忧虑的事。忧虑又怎么办呢? 像舜那样做罢了。至于君子别的什么忧患就没有了。不是仁爱的事不干,不合于礼的事不做。即使有一朝一夕的祸患来到,君子也不会感到忧患了。"

禹、稷当平世,三过其门而不入,孔子贤之。颜子①当乱世,居于陋巷,一箪食,一瓢饮,人不堪其忧,颜子不改其乐,孔子贤之。孟子曰:"禹、稷、颜回同道。禹思天下有溺者,由己溺之也;稷思天下有饥者,由己饥之也,是以如是其急也。禹、稷、颜子易地则皆然。"

——《离娄下》

【注】①颜子:即颜回,孔子弟子,以贤著称。

【译】禹、后稷处在太平时代,三次路过家门都不进去,孔子称赞他们。颜子处在乱世,居住在僻陋的巷子里,一个小竹筐装饭吃,一个瓢舀水喝,别人忍受不了那种清苦,颜子却不改变他的快乐,孔子称赞他。孟子说:"禹、后稷、颜回同一个道理。禹一想到天下的人有淹在水里的,就觉得仿佛是自己使他们淹在水里似的;后稷一想到天下的人还有挨饿的,就觉得仿佛是自己使他们挨了饿似的,所以才那样急迫。禹、后稷和颜回如果互换一下处境,也都会这样的。

孟子曰:"伯夷,目不视恶色,耳不听恶声。非其君,不事;非其民,不使。治则进,乱则退。横①政之所出,横民之所止,不忍居也。思与乡人处,如以朝衣朝冠坐于涂炭也。当纣之时,居北海之滨,以待天下之清也。故闻伯夷之风者,顽②夫廉,懦夫有立志。伊尹曰:'何事非君?何使非民?'治亦进,乱亦进,曰:'天之生斯民也,使先知觉后知,使先觉觉后觉。予天民之先觉者也,予将以此道觉此民也。'思天下之民,匹夫匹妇有不与被尧、舜之泽者,若己推而内之沟中。其自任以天下之重也。"

柳下惠不羞污君,不辞小官。进不隐贤,必以其道。遗佚③而不怨,厄穷而不悯。与乡人处,由由然不忍去也。'尔为尔,我为我,虽袒裼裸裎④于我侧,尔焉能浼⑤我哉?'故闻柳下惠之风者,鄙夫⑥宽,薄夫⑦敦。

孔子之去齐,接淅⑧而⑨行;去鲁,曰:'迟迟吾行也,去父母国之道也!'可以速而速,可以久而久,可以处而处,可以仕而仕,孔子也。孟子曰:"伯夷,圣之清者也;伊尹,圣之任者也;柳下惠,圣之和者也;孔子,圣之时者也。孔子之谓集大成。集大成也者,金声⑩而玉振之也。金声也者,始条理也;玉振⑪之也者,终条理也。始条理者,智之事也;终条理者,圣之事也。智,譬则巧也;圣,譬力也。由⑫射于百步之外也,其至,尔力也;其中,菲尔力也。"

【注】①横：暴。②顽：贪婪。③遗佚：不被重用。④袒裼裸裎：四个字意思相近，同义复用，都是赤身露体的意思。⑤浼：污染。⑥鄙夫：心胸狭窄的人。⑦薄夫：刻薄的人。⑧接淅：淘米。⑨而：则。以下几句同。⑩金声：指钅卜钟发出的声音。⑪玉振：指玉磬收束的余韵。古代奏乐，先以钅卜钟起音，结束以玉磬收尾。⑫由：通"犹"。

【译】孟子说："伯夷，眼睛不看丑陋的事物，耳朵不听邪恶的声音。不是他理想的君主，不侍奉；不是他理想的百姓，不使唤。天下太平就出来做官，天下混乱就隐退不出。施行暴政的国家，住有暴民的地方，他都不愿意居住。他认为和没有教养的乡下人相处，就像穿戴着上朝的礼服礼帽却坐在泥土或炭灰上一样。当殷纣王暴虐统治的时候，他隐居在渤海边，等待着天下太平。所以，听到过伯夷风范的人，贪得无厌的会变得廉洁，懦弱的会变得意志坚定。伊尹说：'哪个君主不可以侍奉？哪个百姓不可以使唤？'所以，他是天下太平做官，天下混乱也做官。他说：'上天产生这些百姓，就是要让先知的人来开导后知的人，先觉的人来开导后觉的人。我就是这些人中先知先觉的人，我要开导这些后知后觉的人。'他认为天下的百姓中，只要有一个普通男子或普通妇女没有承受到尧、舜的恩泽，就好像是他自己把别人推进沟中去了一样。这就是他以挑起天下的重担为己任的态度。"

柳下惠不以侍奉坏君主为耻辱，也不因官小而不做。做官不隐藏自己的才能，坚持按自己的原则办事。不被重用不怨恨，穷困也不忧愁。与没有教养的乡下人相处，也照样很自在地不忍离去。他说：'你是你，我是我，你就是赤身裸体在我旁边，对我又有什么污染呢？'所以，听到过柳下惠风范的人，心胸狭窄的会变得宽阔起来，刻薄的会变得厚道起来。

孔子离开齐国的时候，不等把米淘完就走；离开鲁国时却说：'我们慢慢走吧，这是离开父母之邦的路啊！'应该快就快，应该慢就慢；应该隐居就隐居，应该做官就做官。这就是孔子。孟子说：'伯夷是圣人里面最清高的；伊尹是圣人里面最负责任的；柳下惠是圣人里面最随和的；孔子是圣人里面最识时务的。孔子可以称为集大成者。集大成的意思，就好比乐队演奏，以钋钟声开始起音，以玉磬声结束收尾。钋钟声起音是为了有条有理地开始，玉磬声收尾是为了有条有理地结束。有条有理地开始是智方面的事，有条育理地结束是圣方面的事。智好比是技巧，圣好比是力量。犹如在百步以外射箭，箭能射拢靶子，是靠你的力量；射中了，却是靠技巧而不是靠力量。"

仁，人心也；义，人路也。舍其路而弗由，放①其心而不知求，哀哉！人有鸡犬放，则知求之；有放心而不知求。学问之道无他，求其放心而已矣。

——《告子上》

【注】①放：放任，失去。

【译】仁是人的本心；义是人的大道。放弃了大道不走，失去了本心而不知道寻求，真是悲哀啊！有的人，鸡狗丢失了倒晓得去找回来，本心失去了却不晓得去寻求。学问之道没有别的什么，不过就是把那失去了的本心找回来罢了。

今有无名之指屈而不信①，非疾痛害事也，如有能信之者，则不远秦楚之路,为指之不若人也。指不若人,则知恶之;心不若人,则不知恶。此之谓不知类②也。

——《告子上》

【注】①信:同"伸"。②不知类:不知轻重,舍本逐末。

【译】现在有人,他的无名指弯曲而不能伸直,虽然并不疼痛,也不妨碍做事情,但只要有人能使它伸直,就是到秦国、楚国去,也不会嫌远,为的是无名指不如别人。无名指不如别人,就知道厌恶;心不如别人,却不知道厌恶。这叫作不知轻重,舍本逐末。

拱把之桐梓,人苟欲生之,皆知所以养之者。至于身,而不知所以养之者,岂爱身不若桐梓哉? 弗思甚也。

——《告子上》

【译】一两把粗的桐树梓树,人们要想让它们生长,都知道该怎样去培养。至于本身,反倒不知道怎样培养自己,岂不是爱自身还不如爱桐树梓树吗? 真是太不会考虑问题了。

人之于身也,兼所爱。兼所爱,则兼所养也。无尺寸之肤不爱焉,则无尺寸之肤不养也。所以考其善不善者,岂有他哉? 于己取之而已矣。体有贵贱,有小大。无以小害大,无以 贱害贵。养其小者为小人,养其大者为大人。今有场师,舍其梧①檟②,养其樲③棘④,则为贱场师焉。养其一指而失其肩背,而不知也,则为狼疾⑤人也。饮食之人,则人贱之矣,为其养小以失大也。饮食之人无有失也,则口腹岂适⑥为尺寸之肤哉?

——《告子上》

【注】①梧:梧桐。②槚:即楸树,也是一种木质很好的树。③樲:酸枣。④棘:荆棘。⑤狼疾:同"狼藉",昏乱,糊涂。⑥适:通"啻",仅仅,只。

【译】人对于身体,哪一部分都爱护。都爱护,便都保养。没有一尺一寸的肌肤不爱护,便没有一尺一寸的肌肤不保养。考察他护养得好不好,难道有别的方法吗?不过是看他注重的是身体的哪一部分罢了。身体有重要的部分,有次要的部分;有小的部分,也有大的部分。不要因为小的部分而损害大的部分,不要因为次要的部分而损害重要的部分。护养小的部分的是小人,护养大的部分的是大人。如果有一位园艺师,舍弃梧桐楸树,却去培养酸枣荆棘,那就是一位很糟糕的园艺师。如果有人为护养一根指头而失去整个肩背,自己还不明白,那更是个糊涂透顶的人。那种只晓得吃吃喝喝的人之所以受到人们的鄙视,就因为他护养了小的部分而失去了大的部分。如果说他没有失去什么的话,那么,一个人的吃喝难道就只是为了护养那一尺一寸的肌肤吗?

仁之胜不仁也,犹水胜火。今之为仁者,犹以一杯槭一车薪之火也;不熄,则谓之水不胜火。此又与①于不仁之甚者也,亦终必亡而已矣。

——《告子上》

【注】①与:助。

【译】仁胜过不仁,就像水可以灭火一样。但如今奉行仁道的人,就像用一杯水去灭一车柴草所燃烧的大火一样;灭不了,就说是水不能够灭火。这样的说法正好又大大助长了那些不仁之徒,结果连他们原本奉行的一点点仁道也必然会最终失去。

五谷者,种之美者也,苟为不熟,不如荑稗。夫仁,亦在乎熟之而已矣。

——《告子上》

【译】五谷是庄稼中的好品种,但如果不成熟,那还不如稗子之类野草。仁,也在于使它成熟罢了。

有人于此,力不能胜一匹雏①,则为无力人矣;今日举百钧,则为有力人矣。然则举乌获②之任,是亦为乌获而已矣。夫人岂以不胜为患哉?弗为耳。徐行后长者谓之悌,疾行先长者谓之不悌。夫徐行者,岂人所不能哉?所不为也。尧舜之道,孝悌而已矣。子服尧之服,诵尧之言,行尧之行,是尧而已矣。子服桀之服,诵桀之言,行桀之行,是桀而已矣。

——《告子上》

【注】①一匹雏:一只小鸡。②乌获:古代传说中的大力士。

【译】要是有人,自以为他连一只小鸡都提不起来,那他便是一个没有力气的人;如果有人说自己能够举起三千斤,那他就是一个很有力气的人。同样的道理,举得起乌获所举的重量的,也就是乌获了。人难道以不能胜任为忧患吗?只是不去做罢了。比如说,慢一点走,让在长者之后叫作悌;快一点走,抢在长者之前叫作不悌。那慢一点走难道是人做不到的吗?不那样做而已。尧舜之道,不过就是孝和悌罢了。你穿尧的衣服,说尧的话,做尧的事,你便是尧了。你穿桀的衣服,说桀的话,做桀的事,你便是桀了。

孟子曰:"君子不亮①,恶乎执?"

——《告子上》

【注】①亮:同"谅",诚信。

【译】孟子说:"君子不讲信用,怎么能够有操守呢?"

孟子曰:"行之而不著焉,习矣而不察焉,终身由之而不知其道者,众也。"

——《告子上》

【译】孟子说:"做一件事不明白为什么要做,习惯了不想想为什么习惯,一辈子随波逐流不知去向何方,这样的人是平庸的人。"

人不可以无耻。无耻之①耻,无耻矣。

——《告子上》

【注】①之:至。

【译】人不可以不知羞耻。从不知羞耻到知道羞耻,就可以免于羞耻了。

耻之于人大矣!为机变①之巧者,无所用耻焉。不耻不若人,何若人有?

——《尽心上》

【注】①机变:奸诈。

【译】羞耻之心对于人至关重要!搞阴谋诡计的人是不知羞耻的。不以自己不如别人为羞耻,怎么赶得上别人呢?

人知之,亦嚣嚣^①;人不知,亦嚣嚣。

——《尽心上》

【注】①嚣嚣:安详自得的样子。

【译】别人理解也安详自得;别人不理解也安详自得。

尊德乐义,则可以嚣嚣矣。故士穷不失义,达不离道。穷不失义,故士得己^①焉;达不离道,故民不失望焉。古之人,得志,泽加于民;不得志,修身见于世。穷则独善其身,达则兼善天下。

——《尽心上》

【注】①得己:即自得。

【译】尊崇道德,喜爱仁义,就可以安详自得了。所以士人穷困时不失去仁义,显达时不背离道德。穷困时不失去仁义,所以安详自得;显达时不背离道德,所以老百姓不失望。古代的人,得志时恩惠施于百姓;不得志时修养自身以显现于世。穷困时独善其身,显达时兼善天下。

人之有德、慧、术、知者,恒存乎疢疾^①。独孤臣孽子^②,其操心也危,其虑患也深,故达。

——《尽心上》

【注】①疢疾:灾患。②孽子:古代常一夫多妻,非嫡妻所生之子叫庶子,也叫孽子,一般地位卑贱。

【译】人的品德、智慧、本领、知识,往往产生于灾患之中。那些受疏远的大臣和贱妾所生的儿子,经常操心着危难之事,深深忧虑着祸患降临,所以能通达事理。

君子有三乐,而王天下不与存焉。父母俱存,兄弟无故①,一乐也;仰不愧于天,俯不怍②于人,二乐也;得天下英才而教育之,三乐也。君子有三乐,而王天下不与存焉。

——《尽心上》

【注】①故:事故,指灾患病丧。②怍:惭愧。

【译】君子有三大快乐,以德服天下不在其中。父母健在,兄弟平安,这是第一大快乐;上不愧对于天,下不愧对于人,这是第二大快乐;得到天下优秀的人才进行教育,这是第三大快乐。君子有三大快乐,以德服天下不在其中。

孔子登东山①而小鲁,登泰山而小天下。故观于海者难为水,游于圣人之厂工者难为言。观水有术,必观其澜。日月有明,容光②必照焉。流水之为物也,不盈科不行;君子之志于道也,不成章③不达。

——《尽心上》

【注】①东山:即蒙山,在今山东蒙阴县南。②容光:指能够容纳光线的小缝隙。③成章:《说文》解释:"乐竟为一章。"由此引申,指事物达到一定阶段或有一定规模。

【译】孔子登上东山,就觉得鲁国变小了;登上泰山,就觉得整个天下都变小了。所以,观看过大海的人,便难以被其他水所吸引了;在圣人门下学习过的人,便难以被其他言论所吸引了。观看水有一定的方法,一定要观看它壮阔的波澜。太阳月亮有光辉,不放过每条小缝隙;流水有规律,不把坑坑洼洼填满不向前流;君子立志于道,不到一定的程度不能通达。

杨子①取为我,拔一毛而利天下,不为也。墨子兼爱②,摩顶放踵③利天下,为之。子莫④执中。执中为近之,执中无权,犹执一也。所恶执一者,为其贼道也,举一而废百也。

——《尽心上》

【注】①杨子:战国初期哲学家,名朱,魏国人。他重视个人利益,反对别人对自己的侵夺,但也反对侵夺别人。他没有留下著作,事迹见于《孟子》《庄子》《韩非子》《吕氏春秋》等,《列子》里有《杨朱篇》,但不一定可靠。②墨子兼爱:墨子(约前468—前376),春秋战国之际的思想家、政治家,墨家学派的创始人,名翟。相传原为宋国人,后长期住在鲁国。"兼爱"是他的基本思想之一。③摩顶放踵:从头顶到脚跟都摩伤,形容不畏劳苦,不顾体伤。放,到。④子莫:战国时鲁国人,其事迹已不可考。

【译】杨朱主张为自己,即使拔一根毫毛而有利于天下,他都不肯干。墨子主张兼爱,即便是从头顶到脚跟都摩伤,只要是对天下有利,他都肯干。子莫则主张中道。主张中道本来是不错的,但如果只知中道而不知道权变,那也就和执著一点一样了。为什么厌恶执著一点呢?因为它会损害真正的道,只是坚持一点而废弃了其余很多方面。

王子垫①问曰:"士何事?"孟子曰:"尚志。"曰:"何谓尚志?"曰:"仁义而已矣。杀一无罪非仁也,非其有而取之非义也。居恶在?仁是也;路恶在?义是也。居仁由义,大人之事备矣。"

——《尽心上》

【注】①王子垫:齐王的儿子,名垫。

【译】王子垫问道:"士做什么事?"孟子说:"使志行高尚。"王子垫问:

"使志行高尚指的是什么?"孟子说:"仁和义罢了。杀死一个无罪的人,是不仁;不是自己的东西却去占有,是不义。居住的地方在哪里? 仁便是;道路在哪里? 义便是。居于仁而行于义,大人的事便齐备了。"

君子之于物也,爱之而弗仁;于民也,仁之而弗亲。亲亲而仁民,仁民而爱物。

——《尽心上》

【译】君子对于万物,爱惜它,但谈不上仁爱;对于百姓,仁爱,但谈不上亲爱。亲爱亲人而仁爱百姓,仁爱百姓而爱惜万物。

知者无不知也,当务之为急;仁者无不爱也,急亲贤之为务。尧、舜之知而不遍物,急先务也;尧、舜之仁不遍爱人,急亲贤也。不能三年之丧,而缌①小功②之察③;放饭流歠④,而问无齿决⑤,是之谓不知务。

——《尽心上》

【注】①缌(sī):细麻布,这里代指服丧三个月的孝服,穿这种孝服只服丧三个月,是五种孝服中最轻的一种,如女婿为岳父母服孝就用这种。②小功:服丧五个月的孝服,是五种孝服中次轻的一种,如外孙为外祖父母服孝就用这种。③察:指仔细讲求。④放饭流歠(chuò):大吃猛喝。放饭,大吃大嚼的意思;放,副词;饭,动词。流歠,猛喝的意思;流,长,副词;歠,饮,动词。《礼记曲礼》说:"毋放饭,毋流歠。"在尊长者面前大吃猛喝是非常失礼的大不敬行为。⑤问无齿决:问,讲求;齿决,用牙齿啃,这里指用牙齿啃干肉。《礼记曲礼》说:"濡肉齿决,干肉不齿决。"在尊长者面前啃干肉也是不礼貌的行为,但只是小不敬。

【译】智者没有什么事物不该知道，但是急于知道当前最重要的事情；仁者没有什么人不该爱，但是急于爱德才兼备的贤人。以尧、舜的智慧尚且不能够知道一切事物，因为他们急于知道对他们最重要的事情；以尧、舜的仁德尚且不能够爱所有的人，因为他们急于爱德才兼备的贤人。如果不能够实行该行三年的丧办礼，却对三个月、五个月的丧礼仔细讲求；在尊长者面前大吃猛喝却讲求不要用牙齿啃干肉，这就叫作不知道什么是最重要的事物。

孟子曰："舜之饭糗①茹草也，若将终身焉；及其为天子也，被袗衣，鼓琴，二女果②，若固有之。"

——《尽心下》

【注】①饭糗（qiǔ）：饭，动词，吃。糗，干粮。②果：通"婐（wǒ）"，侍女，这里是侍候的意思。

【译】孟子说："舜在吃干粮咽野菜的时候，就像打算终身这么过日子似的；到他做了天子后，穿着细葛布衣服，弹着琴，尧的两个女儿侍候着，又像本来就享有这种生活似的。"

身不行道，不行于妻子；使人不以道，不能行于妻子。

——《尽心下》

【译】自己不按道行动，道在他妻子儿女身上也实行不了；不按道去使唤人，那就连妻子儿女也使唤不了。

周于利者凶年不能杀，周于德者邪世不能乱。

——《尽心下》

【译】财力富足的人荒年不能使他困窘，道德高尚的人乱世不能使他迷乱。

可欲之谓善，有诸已之谓信，充实之谓美，充实而有光辉之谓大，大而化之之谓圣，圣而不可知之之谓神。

——《尽心下》

【译】值得喜爱的叫善，自己确实具有善就叫信，善充实在身上就叫美，既充实又有光辉就叫大，既大又能感化万物就叫圣，圣到妙不可知就叫神。

好名之人，能让千乘之国，苟非其人，箪食豆羹见于色。

——《尽心下》

【译】爱名声的人，能够让出大国国君的位置，如果不是这样的人，就是让出一小筐饭，一碗汤，脸色也会显出不高兴。

士未可以言而言，是以言餂之也；可以言而不言，是以不言餂之也，是皆穿逾之类也。

——《尽心下》

【译】士人，不可以交谈而去交谈，这是用言语试探对方来取利；可以交谈却不去交谈，这是用沉默试探对方来取利，这些都是扒洞翻墙一类的行径。

言近而指远者,善言也;守约而施博者,善道也。君子之言也,不下带①而道存焉;君子之守,修其身而天下平。人病舍其田而芸人之田,所求于人者重,而所以自任者轻。

——《尽心下》

【注】①不下带:带,腰带。古人视不下带,即只视带之上。此处比喻注意眼前常见之事。

【译】言语浅近而含义深远,这是善言;把握住的十分简要,而施行时效用广大,这是善道。君子所说的,虽然是眼前近事,而道却蕴含在其中;君子所把握住的,是修养自己,却能使天下太平。常人的毛病在于荒弃自己的田地,却要人家锄好田地,要求别人的很重,而加给自己的责任却很轻。

养心莫善于寡欲。其为人也寡欲,虽有不存焉者,寡矣;其为人也多欲,虽有存焉者,寡矣。

——《尽心下》

【译】修养善心的方法,没有比减少求利的欲望更好的了。一个人求利的欲望少,那么即使善心有些丧失,也是很少的;一个人求利的欲望多,那么即使善心有所保存,也一定是很少的。

非之无举也,刺之无刺也,同乎流俗,合乎污世,居之似忠信,行之似廉洁,众皆悦之,自以为是,而不可与入尧舜之道,故曰"德之贼"也。孔子曰:"恶似而非者:恶莠,恐其乱苗也;恶佞,恐其乱义也;恶利口,恐其乱信也;恶郑声,恐其乱乐也;恶紫,恐其乱朱也;恶乡原,恐其乱德也。"

君子反①经②而已矣。经正,则庶民兴;庶民兴,斯无邪慝③矣。

——《尽心下》

【注】①反:同"返"。②经:正常之道。③慝:奸邪。

【译】是啊,这种人,你要说他有什么不对,又举不出例证来;你要指责他却又好像无可指责,他只是同流合污,为人好像忠诚老实,行为好像清正廉洁,大家都很喜欢他,他自己也以为很不错,但实际上,他的所作所为却并不合于尧舜之道,所以说他是"偷道德的贼"。孔子说:"厌恶那些似是而非的东西:厌恶杂草,怕的是它搞乱禾苗;厌恶花言巧语,怕的是它搞乱正义;厌恶夸夸其谈,怕的是它搞乱信实;厌恶郑国的乐曲,怕的是它搞乱雅乐;厌恶紫色,怕的是它搞乱正宗的红色;厌恶好好先生,怕的是他搞乱道德。"君子的所作所为不过是为了让一切回到正道罢了。回到正道,老百姓就会振作起来;老百姓振作起来,也就没有邪恶了。

2. 礼仪 人伦

古者棺椁无度①,中古②棺七寸,椁称之。自天子达于庶人,非直为观美也,然后尽于人心。不得③,不可以为④悦;无财,不可以为悦。得之为有财,古之人皆用之,吾何为独不然? 且比⑤化者⑥无使土亲肤,于人心独无恔⑦乎? 吾闻之:君子不以天下俭其亲。

——《公孙丑下》

【注】①棺椁无度:古代棺材分内外两层,内层叫棺,外层的套棺叫椁。棺椁无度是说棺与椁都没有尺寸规定。②中古:指周公治礼以后的时代。③不得:指礼制规定所不允许。④为:这里是"与"的意思。⑤比:

为了。⑥化者：死者。⑦恔：快，快慰，满足。

【译】上古对于棺椁用木的尺寸没有规定；中古时规定棺木厚七寸，椁木以与棺木的厚度相称为准。从天子到老百姓，讲究棺木的质量并非仅仅是为了美观，而是因为要这样才能尽到孝心。为礼制所限不能用上等木料做棺椁，不能够称心；没有钱不能用上等木料做棺椁，也不能够称心。既为礼制所允许，又有财力，古人都会这么做，我又怎么不可以呢？况且，这样做不过是为了不让泥土沾上死者的尸体，难道孝子之心就不可以有这样一点满足吗？我听说过：君子不因为天下大事而俭省应该用在父母身上的钱财。

吾闻夷子墨者；墨之治丧也，以薄为其道也；夷子思以易天下，岂以为非是而不贵也？然而夷子葬其亲厚，则是以所贱事亲也。

——《滕文公上》

【译】我听说夷子是墨家的信徒；墨家办理丧事以俭朴节约作为他们的准则；夷子想用它来改易天下的礼俗，难道以为不薄葬就不值得称道吗？但夷子厚葬他的父母亲，那是拿自己看不起的东西来侍奉父母亲。

盖上世尝有不葬其亲者，其亲死，则举而委之于壑。他日过之，狐狸食之，蝇蚋姑嘬之。其颡有泚，睨而不视。夫泚也，非为人泚，中心达于面目，盖归反虆梩而掩之。掩之诚是也，则孝子仁人之掩其亲，亦必有道矣。

——《滕文公上》

【译】大概上古曾有个不安葬父母的人，父母死了，就抬走抛弃在山沟里。后来的一天他路过那里,看见狐狸在啃他父母的尸体,苍蝇、蚊虫叮吮着尸体。那人额头上不禁冒出汗来,斜着眼不敢正视。那汗,不是流给人看的,而是内心的悔恨表露在脸上,于是他就回家拿来筐和锹把尸体掩埋了。掩埋尸体确实是对的,那么孝子仁人掩埋他们亡故的父母,也就必然有道理了。

景春①曰:"公孙衍②、张仪③岂不诚大丈夫哉? 一怒而诸侯惧,安居而天下熄④。"

孟子曰:"是焉得为大丈夫乎? 子未学礼乎? 丈夫之冠也,父命之⑤;女子之嫁也,母命之,往送之门,戒之曰:'往之女家,必敬必戒,无违夫子!'以顺为正者,妾妇之道也。居天下之广居⑥,立天下之正位⑦,行天下之大道⑧;得志,与民由之;不得志,独行其道。富贵不能淫,贫贱不能移,威武不能屈,此之谓大丈夫。"

——《滕文公下》

【注】①景春:人名,纵横家的信徒。②公孙衍:人名,即魏国人犀首,著名的说客。③张仪:魏国人,与苏秦同为纵横家的主要代表。致力于游以路横去服从秦国,与苏秦"合纵"相对。④熄:指战火熄灭,天下太平。⑤丈夫之冠也,父命之:古代男子到二十岁叫作成年,行加冠礼,父亲开导他。⑥广居:仁也。⑦正位:礼也。⑧大道:义也。

【译】景春说:"公孙衍和张仪难道不是真正的大丈夫吗? 发起怒来,诸侯们都会害怕;安静下来,天下就会平安无事。"

孟子说:"这个怎么能够叫大丈夫呢? 你没有学过礼吗? 男子举行加冠礼的时候,父亲给予训导;女子出嫁的时候,母亲给予训导,送她到门口,告诫她说:'到了你丈夫家里,一定要恭敬,一定要谨慎,不要违背你的丈夫！'以顺从为原则的，是妾妇之道。至于大丈夫，则应该住在天下最宽广的住宅里，站在天下最正确的位置上，走着天下最光明的大道；得志的时候，便与老百姓一同前进；不得志的时候，便独自坚持自己的原则。富贵不能使我骄奢淫逸，贫贱不能使我改移节操，威武不能使我屈服意志，这样才叫作大丈夫。"

古者不为臣不见。段干木①逾垣而辟②之，泄柳③闭门而不内，是皆已甚；迫，斯可以见矣。阳货欲见孔子④而恶无礼，大夫有赐于士，不得受于其家，则往拜其门。阳货瞰⑤孔子之亡也，而馈孔子蒸豚；孔子亦瞰其亡也，而往拜之。当是时，阳货先，岂得不见？曾子曰："胁肩谄笑，病于夏畦⑥。"子路："未同而言，观其色赧赧然，非由之所知也。"由是观之，则君子之所养，可知已矣。

——《滕文公下》

【注】①段干木：姓段干，名木，晋国人，清高而不屑为官。魏文侯去拜访他，他却翻墙逃走不见。②辟：同"避"。③泄柳：人名，鲁穆公时人。④阳货欲见孔子：事见《论语阳货》。"见"在这里作使动用法，是阳货想让孔子来拜见他的意思。⑤瞰：窥视。⑥胁肩谄笑，病于夏畦：胁肩，耸起肩头，故作恭敬的样子。胁肩谄笑，形容逢迎谄媚的丑态。畦，本指菜地间划分的行列，这里作动词用，指在菜地里劳动。

【译】在古代，一个人如果不是诸侯的臣属便不去拜见。段干木跳墙躲避魏文侯，泄柳闭门不接待鲁穆公，这些都做得过分了；迫不得已时，见还是应该见的。从前阳货想要孔子去拜见他，又厌恶别人说他不懂礼仪，大夫如果对士人有所赏赐，士人没有在家亲自接受的话，就得上大夫家去拜谢。于是,阳货便趁孔子不在家的时候,给孔子送去一只蒸乳猪;孔子也打听到阳货不在家时,前去拜谢。当时,要是阳货真心诚意地先去看孔子,孔子难道不去拜见他吗? 曾子说:"耸起两个肩头,做出一副讨好人的笑脸,这真比顶着夏天的毒日头在菜地里干活还要令人难受啊!"子路说:"分明不愿意和那人谈话,却要勉强去谈,脸上还做出羞惭的样子,这种人不是我所能够理解的。"从这里看来,君子是怎样修养自己的,就可以知道了。

氏为我,是无君也;墨氏兼爱,是无父也。无父无君,是禽兽也。

——《滕文公下》

【译】杨朱宣扬一切为自己,这是心目中没有君王;墨翟宣扬对人一样地爱,这是心目中没有父母。心目中无父无君,这就成了禽兽。

道在迩①而求诸远,事在易而求诸难:人人亲其亲,长其长②,而天下平。

——《离娄上》

【注】①迩:近。②亲其亲,长其长:前一个"亲"和"长"作动词,后一个"亲"和"长"作名词,宾语。

【译】本来很近的路,却偏偏要跑老远去求;本来很容易的事,却偏偏要往难处去做:其实,只要人人都亲近自己的亲人,尊敬自己的长辈,天下就可以太平了。

事孰为大？事亲为大；守孰为大？守身为大。不失其身而能事其亲者，吾闻之矣；失其身而能事其亲者，吾未之闻也。孰不为事？事亲，事之本也；孰不为守？守身，守之本也。

——《离娄上》

【译】哪一种侍奉最重要？侍奉父母最重要；哪一种守护最重要？守护自身最重要。不丧失自身而能侍奉好父母的，我听说过；丧失了自身而能侍奉好父母的，我从来没听说过。哪个长者不该侍奉？但侍奉父母才是侍奉的根本；哪种好品德不该守护？但守护自身是守护的根本。

不孝有三①，无后为大。舜不告而娶②，为无后也，君子以为犹告也。

——《离娄上》

【注】①不孝有三：据赵歧注，不孝的三件事是：一、对父母的过错"阿意曲从"，使父母陷入"不义"；二、家境贫困，父母年老，却不愿当官求俸禄以供养父母；三、不娶妻子，没有儿子，断绝了后代。②舜不告而娶：传说舜的父亲凶狠愚蠢，舜如果告诉他娶妻的事，肯定得不到他同意。不禀告不合礼，没有后代又是最大的不孝，两相权衡，只好"不告而娶"。

【译】不孝的事有三件，其中没有子孙后代是最大的不孝。舜没有禀告父母就娶妻，就因为怕没有后代，所以君子认为他如同禀告了一样。

仁之实，事亲是也；义之实，从兄是也；智之实，知斯二者弗去是也；礼之实，节文斯二者是也；乐①之实，乐②斯二者，乐则生矣；生则恶可已也，恶可已，则不知足之蹈之手之舞之。

——《离娄上》

【注】①乐：读 yuè。②乐：读 lè，下同。

【译】仁的实质是侍奉父母；义的实质是顺从兄长；智的实质是明白这两方面的道理而不背离；礼的实质是在这两方面不失礼节、态度恭敬；乐的实质是乐于做这两方面的事，快乐就产生了；一产生就抑制不住，抑制不住，就会不知不觉地手舞足蹈起来。

孟子曰："天下大悦而将归己，视天下悦而归己，犹草芥也，惟舜为然。不得乎亲，不可以为人；不顺乎亲，不可以为子。舜尽事亲之道而瞽瞍①厎②豫，瞽瞍厎豫而天下化，瞽瞍厎豫而天下之为父子者定。此之谓大孝。"

——《离娄上》

【注】①瞽瞍：舜的父亲。②厎（zhí）：致。豫：乐。

【译】孟子说："天下的人都很高兴地要来归附自己，把这种情景看得如同草芥的，只有舜是这样。不能得到父母的欢心，不可以做人；不能顺从父母的心意，不能做儿子。舜竭尽全力按侍奉父母的道理去做，终于使他的父亲瞽瞍高兴了；瞽瞍高兴了，天下的人由此受到感化；瞽瞍高兴了，天下父子之间应有的关系就确定了。这叫作大孝。"

养生者不足以当大事，惟送死可以当大事。

——《离娄下》

【译】生前奉养父母不能算作是大事，只有死后给他们办好丧事才称得上是大事。

孟子曰：“世俗所谓不孝者五：惰其四支①，不顾父母之养，一不孝也；博养好饮酒，不顾父母之养，二不孝也；好货财，私妻子，不顾父母之养，三不孝也；从②耳目之欲，以为父母戮③，四不孝也；好勇斗很④，以危父母，五不孝也。章子有一于是乎？夫章子，子父责善而不相遇也。责善，朋友之道也；父子责善，贼恩之大者。夫章子，岂不欲有夫妻子母之属哉？为得罪于父，不得近，出妻屏子，终身不养焉。其设心以为不若是，是则罪之大者。是则章子已矣。”

——《离娄下》

【注】①四支：即四肢。②从：同“纵”。③戮：羞辱。④很：同“狠”

【译】孟子说：“通常认为不孝的情况有五种：四肢懒惰，不管赡养父母，这是第一种；酗酒聚赌，不管赡养父母，这是第二种；贪吝钱财，只顾老婆孩子，不管赡养父母，这是第三种；放纵声色享乐，使父母感到羞辱，这是第四种；逞勇好斗，连累父母，这是第五种。章子在这五种不孝中犯有哪一种吗？章子是因为父子之间互相责求善行而不能相处在一块的。责求善行，这是朋友相处的原则；父子之间责求善行，却是大伤感情的事。章子难道不想有夫妻母子的团聚？只是因为得罪了父亲，不能亲近他，把妻子儿女赶出了门，终生不要他们侍奉。他心里设想，不这么做，就是更大的罪过。这就是章子罢了。”

人少，则慕①父母；知好色，则慕少艾②；有妻子，则慕妻子；仕则慕君，不得于君则热中③。大孝终身慕父母。五十而慕者，予于大舜见之矣。

——《万章上》

【注】①慕：爱慕，依恋。②少艾：指年轻美貌的人。③热中：焦急得心中发热。

【译】人在年幼的时候，就爱慕父母；懂得喜欢女子的时候，就爱慕年轻漂亮的姑娘；有了妻子以后，便爱慕妻子；做了官便爱慕君王，得不到君王的赏识便内心焦急得发热。不过，最孝顺的人却是终身都爱慕父母。到了五十岁还爱慕父母的，我在伟大的舜身上见到了。

男女居室，人之大伦也。

——《万章上》

【译】男女结婚，是人类最重要的人伦关系。

仁人之于弟也，不藏怒焉，不宿怨焉，亲爱之而已矣。亲之，欲其贵也；爱之，欲其富也。

——《万章上》

【译】仁人对于自己的弟弟，不将忿怒藏在心中，不将怨恨留在胸中，那是因为亲近喜爱弟弟罢了。亲近自己的弟弟，便要使他尊贵；喜爱自己的弟弟，便要使他富有。

孝子之至，莫大乎尊亲；尊亲之至，莫大乎以天下养。为天子父，尊之至也；以天下养，养之至也。

——《万章上》

【译】孝子的最高境界，没有超过尊敬自己双亲的事了；尊敬双亲的最高境界，没有超过以天下来养活自己双亲的事了。作为天子的父亲，那是尊贵到了极点;以天下养活双亲,那是奉养双亲的极点。

有人于此,越人关弓而射之,则己谈笑而道之;无他,疏之也。其兄关弓而射之,则己垂涕泣而道之;无他,戚之也。

——《告子下》

【译】如果有一个人,越国人拉开弓去射他,他可以有说有笑地讲这件事;没有别的原因,只因为和越国人关系疏远。如果是他哥哥拉开了弓射他,他就会哭哭啼啼地讲这件事;没有别的原因,只因为和哥哥关系亲近。

亲之过大而不怨,是愈疏也。亲之过小而怨,是不可矶也。愈疏,不孝也。不可矶,亦不孝也。

——《告子下》

【译】父母错大而不怨,这是更加疏远父母;父母错小而怨,这是一点都不能受刺激。疏远父母,这是不孝;不能受一点刺激,也是不孝。

孔子为鲁司寇,不用,从而祭,燔肉①不至,不税冕而行。不知者以为为肉也,其知者以为为无礼也。乃孔子则欲以微罪行②,不欲为苟去。君子之所为,众人固不识也。

——《告子下》

【注】①燔肉:祭祀用的熟肉。古礼,天子和诸侯祭祀后,要将一部分祭肉赐给大夫。②乃孔子则欲以微罪行:这句隐含的意思是,孔子不想让人觉得自己弃官而去都是鲁国执政者的过错,因为这样做是失礼的。

【译】孔子担任鲁国的司寇，不受信任，有一次跟随去祭祀，祭肉不按规定送来，于是顾不上脱掉祭祀时所戴的礼帽就走了。不了解孔子的，以为他是为了那点祭肉而离开的，了解孔子的，只认为他是因为鲁国的失礼而离开的。至于孔子，却正想担点儿小罪名离开，不想随便弃官而去。君子所做的事，一般人本来就是不理解的。

食①而弗爱，豕交之也；爱而不敬，兽畜之也。恭敬者，币②之未将③者也。恭敬而无实，君子不可虚拘。

——《尽心上》

【注】①食：动词，使之食，引申为奉养。②币：指礼物。③将：送。

【译】只是养活而不爱，那就如养猪一样；只是爱而不恭敬，那就如养鸟儿养爱犬等畜生一样。恭敬之心是在送出礼物之前有了的。徒具形式的恭敬，君子不可虚留。

吾今而后知杀人亲之重也：杀人之父，人亦杀其父；杀人之兄，人亦杀其兄。然则非自杀之也，一间耳。

——《尽心上》

【译】我现在才知道杀害别人亲人的严重性：杀了人家的父亲，人家也会杀他父亲；杀了人家的哥哥，人家也会杀他哥哥。虽然不是他自己杀了父亲和哥哥，但也只差那么一点点了。

孔子之去鲁，曰："迟迟吾行也，去父母国之道也。"去齐，接淅而行，去他国之道也。

——《尽心上》

【译】孔子离开鲁国时，说道："我要慢慢地走啊，这是离开祖国的态度。"离开齐国时，将淘好了的米捞起来就走，这是离开别的国家时的态度。

3. 待人 交友

不直，则道不见；我且直之。

——《滕文公上》

【译】说话不直截了当，道理就显现不出来，我直截了当地说吧。

枉己者，未有能直人者也。

——《滕文公下》

【译】扭曲自己，是不可能让别人正直的。

孟子曰："不仁者可与言哉？安其危而利其菑，乐其所以亡者。不仁而可与言，则何亡国败家之有？"

——《离娄上》

【译】不仁的人难道可以和他商议吗？他们对别人的危险心安理得，从别人的灾难中牟利，把导致家破国亡的事当作乐趣。不仁的人如果可以和他商议，那怎么会有国亡家破的事发生呢？

孟子曰："自暴①者，不可与有言也；自弃者，不可与有为也。言非②礼义，谓之自暴也；吾身不能居仁由义，谓之自弃也。仁，人之安宅也；

义，人之正路也。旷安宅而弗居，舍正路而不由，哀哉！"

——《离娄上》

【注】①暴：损害，糟蹋。②非：诋毁。

【译】孟子说："自己糟蹋自己的人，和他没有什么好说的；自己抛弃自己的人，和他没有什么好做的。出言使诋毁礼义，叫做自己糟蹋自己。自认为不能居仁心，行正义，叫做自己抛弃自己。仁，是人类最安适的精神住宅；义，是人类最正确的光明大道。把最安适的住宅空起来不去住，把最正确的大道舍弃在一边不去走。这可真是悲哀啊！"

居下位而不获于上，民不可得而治也；获于上有道，不信于友，弗获于上矣；信于友有道：事亲弗悦，弗信于友矣；悦亲有道，反身不诚，不悦于亲矣；诚身有道：不明乎善，不诚其亲身矣。是故诚者，天之道也；思诚者，人之道也。至诚而不动者，未之有也；不诚，未有能动者也。

——《离娄上》

【译】在下位的人，如果得不到在上位的人信任，就不可能治理好平民百姓。得到在上位的人信任有办法，得不到朋友的信任就得不到在上位的人信任；得到朋友的信任有办法，侍奉父母，不能够使父母高兴，就不能够得到朋友的信任；使父母高兴有办法，自己不真诚就不能够使父母高兴；使自己真诚有办法：不明白什么是善就不能够使自己真诚。所以，真诚是上天的原则，追求真诚是做人的原则。极端真诚而不能够使人感动的，是没有过的；不真诚是不能够感动人的。

孟子曰："存①乎人者，莫良于眸子。眸子不能掩其恶。胸中正，则眸子瞭②焉；胸中不正，则眸子眊③焉。听其言也，观其眸子，人焉瘦、廋④哉？"

——《离娄上》

【注】①存：察。②瞭：明。③眊（mào）：不明，蒙眊。④廋（sōu）：藏匿。

【译】孟子说："观察一个人，再没有比观察他的眼睛更好的了。眼睛不能掩盖一个人的丑恶。心中光明正大，眼睛就明亮；心中不光明正大，眼睛就昏暗不明，躲躲闪闪。所以，听一个人说话的时候，注意观察他的眼睛，他的善恶真伪能往哪里隐藏呢？"

孟子曰："恭者不侮人，俭者不夺人，侮夺人之君，惟恐不顺焉，恶得为恭俭？恭俭岂可以声音笑貌为哉？"

——《离娄上》

【译】孟子说："恭敬别人的人不会侮辱别人，自己节俭的人不会掠夺别人。有些诸侯一味侮辱别人、掠夺别人，只怕别人不顺从自己，那如何能做到恭敬和节俭？恭敬和节俭这两种品德难道是可以光凭动听的言语和笑脸做得出来的吗？"

今有同室之人斗者，救之，虽被发缨冠而救之，可也。乡邻有斗者，被发缨冠而往救之，则惑也，虽闭户可也。

——《离娄下》

【译】假设现在有同室的人打架,阻止他们,即使披散着头发就戴上帽子去阻止,也是可以的。如果乡邻中有打架的,也披散着头发就戴上帽子去阻止,那就太糊涂了;即使关起门来也是可以的。

昔者有馈生鱼于郑子产,子产使校人①畜之池。校人烹之,反命曰:"始舍之,圉圉②焉;少则洋洋③焉;攸然④而逝。"子产曰:"得其所哉! 得其所哉!"校人出,曰:"孰谓子产智? 予既烹而食之,曰得其所哉,得其所哉。"故君子可欺以其方,难罔以非其道。

——《万章上》

【注】①校人:管理池塘的小官。②圉圉(yǔ):疲惫的样子 。③洋洋:舒缓摇尾的样子。④攸然:迅速的样子。

【译】从前有人送条活鱼给郑国的子产,子产叫主管池塘的人把它畜养在池塘里。那人却把鱼煮来吃了,回报说:"刚放进池塘里时,它还要死不活的;一会儿便摇摆着尾巴活动起来了;突然间,一下子就游得不知去向了。"子产说:"它去了它应该去的地方啦! 它去了它应该去的地方啦!"那人从子产那里出来后说:"谁说子产聪明呢? 我明明已经把鱼煮来吃了,可他还说它去了它应该去的地方啦! 它去了它应该去的地方啦!"所以,君子可能被合乎情理的方法所欺骗,但难以被不合情理的方法所欺骗。

不挟长,不挟贵,不挟兄弟而友。友也者,友其德也,不可以有挟也。

——《万章下》

【译】不倚仗年纪大,不仗恃地位高,不倚仗家里富贵来交友。交友时,是因为友的品德好才去交他,心中不要存在任何倚仗的观念。

用下敬上,谓之贵贵;用上敬下,谓之尊贤。贵贵尊贤,其义一也。

——《万章下》

【译】地位低的尊敬地位高的,叫作尊敬有地位的人;地位高的尊敬地位低的人,叫作尊敬贤人。尊敬有地位的人和尊敬贤人,其中的道理是一样的。

其交也以道,其接也以礼,斯孔子受之矣。

——《万章下》

【译】他以正当的理由送礼,按礼节规定送礼,这样,便是孔子也会接受的。

一乡之善士斯友一乡之善士,一国之善士斯友一国之善士,天下之善士斯友天下之善士。以友天下之善士为未足,又尚①论古之人。颂②其诗,读其书,不知其人,可乎? 是以论其世也。是尚友也。

——《万章下》

【注】①尚:同"上"。②颂:同"诵"。

【译】一个乡的优秀人物就和一个乡的优秀人物交朋友,一个国家的优秀人物就和一个国家的优秀人物交朋友,天下的优秀人物就和天下的优秀人物交朋友。如果认为和天下的优秀人物交朋友还不够,便又上溯古代的优秀人物。吟咏他们的诗,读他们的书,不知道他们到底是什么人,可以吗？所以要研究他们所处的社会时代。这就是上溯历史与古人交朋友。

挟贵而问,挟贤而问,挟长而问,挟有勋劳而问,挟故而问,皆所不答也。

——《尽心上》

【译】倚仗着自己的权势来发问,倚仗着自己贤能来发问,倚仗着自己年长来发问,倚仗着自己有功劳来发问,倚仗着自己是老交情来发问,都是我所不回答的。

君子之厄于陈蔡之间,无上下之交也。

——《尽心下》

【译】孔子在陈国、蔡国之间遭围困,是由于跟这两国的君臣没有交往的缘故。

三、论治学与教育

庠者，养也，校者，教也，序者，射也；夏曰校，殷曰序，周曰庠，学则三代共之：皆所以明人伦也。人伦明于上，小民亲于下。有王者起，必来取法，是为王者师也。

——《滕文公上》

【译】所谓庠，意思是培养；所谓校，意思是教导；所谓序，意思是有秩序地陈述。夏朝时叫校，殷商朝时叫序，周朝时叫庠；这个"学"是三代共同都有的，都是教育人民懂得人与人之间的伦理关系，人与人之间的伦理关系为上层所懂得，小民百姓则能亲和于下层。如果有贤明的君王兴起，必然会来学取这个法，因为这是为王者所效法的。

公孙丑曰："君子之不教子，何也？"

孟子曰："势不行也。教者必以正；以正不行，继之以怒。继之以怒，则反夷矣。'夫子教我以正，夫子未出于正也。'则是父子相夷也。父子相夷，则恶矣。古者易子而教之，父子之间不责善。责善则离，离则不祥莫大焉。"

——《离娄上》

【译】公孙丑问："君子不亲自教育不肖的儿子，为什么呢？"

孟子说："由于情势行不通。教育一定要用正理正道，用正理正道而无效,跟着来的就是愤怒。一愤怒,那反而伤感情了。'您拿正理正道教我,您的所作所为却不合正理正道。'那就会使父子间互相伤感情了。父子间互相伤感情,便很不好了。古时候互相交换儿子来进行教育,使父子间不因求其好而互相责备。求其好而互相责备,就会使父子间发生隔阂,那是最不好的事。"

孟子曰:"中也养不中,才也养不才,故人乐有贤父兄也。如中也弃不中,才也弃不才,则贤不肖之相去,其间不能以寸。"

——《离娄下》

【译】孟子说:"道德行为合乎法度的人要教育、熏陶不合法度的人,有才能的人要教育、熏陶没有才能的人,所以人们都乐于有贤能的父兄。如果道德行为合乎法度的人鄙弃不合法度的人,有才能的人鄙弃没有才能的人,那么贤能的人与不贤能的人之间的距离,就近得不能用寸来度量了。"

人有不为也,而后可以有为。

——《离娄下》

【译】一个人有所不为,然后才能有所为。

君子深造之以道,欲其自得之也。自得之,则居之安;居之安,则资之深;资之深,则取之左右逢其源,故君子欲其自得之也。

——《离娄下》

【译】君子要按照正确的方法深造,是想使他自己获得道理。自己获得的道理,就能牢固掌握它;牢固掌握了它,就能积蓄很深;积蓄深了,就能左右逢源取之不尽,所以君子想要自己获得道理。

博学而详说之,将以反说约也。

——《离娄下》

【译】广博地学习,详细地阐述,是要由此返回到能说出其要点的境地。

君子之泽五世而斩,小人之泽五世而斩。予未得为孔子徒也,予私淑诸人也。

——《离娄下》

【译】君子道德风尚的影响,五代以后就断绝了;小人道德风尚的影响,五代以后也就断绝了。我没能做孔子的门徒,我是私下从别人那里学习的。

逢蒙①学射于羿②,尽羿之道,思天下惟羿为愈己,于是杀羿。孟子曰:"是亦羿有罪焉。"

——《万章上》

【注】①逢(páng)蒙:羿的学生和家众,后来叛变,帮助寒浞杀了羿。②羿:又称后羿,传说是夏代有穷国的君主。

【译】逢蒙跟羿学射箭,学得了羿的技巧后,他便想,天下只有羿的箭术比自己强了,于是便杀死了羿。孟子说:"这事也有羿自己的罪过。"

故说诗者,不以文害辞,不以辞害志。以意逆①志,是为得之。如以辞而已矣,《云汉》之诗曰:"周余黎民,靡有②孑遗。"信斯也,是周无遗③民也。

——《万章上》

【注】①逆:揣测。②靡有:没有。③无遗:二字同义,都是"余"的意思。

【译】所以解说诗的人,不要拘于文字而误解词句,也不要拘于词句而误解诗人的本意。要通过自己读作品的感受去推测诗人的本意,这样才能真正读懂诗。如果拘于词句,那《云汉》这首诗说:"周朝剩余的百姓,没有一个留存。"相信这句话,那就会认为周朝真是一个人也没有了。

孟子曰:"无或①乎王之不智也。虽有天下易生②之物也,一日暴③之,十日寒之,未有能生者也。吾见亦罕④矣,吾退而寒之者至矣,吾如有萌焉何⑤哉?今⑥夫弈⑦之为数⑧,小数也;不专心致志,则不得也。弈秋,通⑨国之善弈者也。使⑩弈秋诲⑪二人弈,其一人专心致志,惟弈秋之为听。一人虽听之,一心以为有鸿鹄⑫将至,思援⑬弓缴⑭而射之,虽与之俱⑮学,弗若⑯之矣,为是⑰其智弗若与?曰:非然⑱也。"

——《告子上》

【注】①无或:不值得奇怪。或:同"惑",奇怪。②易生:容易生长。③暴(pù):同"曝",晒。④罕:少。⑤如……何:对……怎么样。⑥今:现在。⑦弈:下棋。⑧数:技术,技巧。⑨通:整个,全部。⑩使:假使。⑪诲:教导。⑫鸿鹄(hú):天鹅。⑬援:拿起。⑭缴(zhuó):系在箭上的绳,代指箭。⑮俱:一起。⑯若:比得上。⑰是:这。⑱然:这样。

【译】孟子说："大王的不聪慧是不值得奇怪的。即使世上有一种最容易生长的植物,让它晒一天太阳,十天冻它,没有能生长的。我和大王相见的次数太少,而我离开后那些和我不同主张的人(指奸佞谄媚之臣)就会上前来影响王,我怎么能帮助他使他的善良之心萌发呢?如今下棋这样的技能,是小技术;但如果不专心致志地学习,是不会成功的。有一个名字叫秋的围棋师,是全国闻名的下棋能手,让秋同时教两个人下棋,其中一个专心致志,只听秋的话;另一个虽然也在听,但心里面却总是想着有天鹅要飞来,一心想着张弓搭箭去射击它。这个人虽然与专心致志的那个人一起学习,却比不上那个人。是因为他的智力不如那个人吗?回答当然不是这样的。"

羿之教人射,必志①于彀②,学者亦必志于彀。大匠诲人必以规矩,学者亦必以规矩。

——《告子上》

【注】①志:期望。②彀(gòu):拉满弓。

【译】羿教人射箭,总是期望把弓拉满,学的人也总是期望把弓拉满。高明的工匠教人手艺必定依照一定的规矩,学的人也就必定依照一定的规矩。

夫道若大路然,岂难知哉?人病不求耳。子归而求之,有余师。

——《告子下》

【译】道就像大路一样,难道难于了解吗?只怕人不去寻求罢了。你回去自己寻求吧,老师多得很呢。

教亦多术矣。予不屑之教诲也者，是亦教诲之而已矣。

——《告子下》

【译】教育也有多种方式方法。我不屑于教诲他，本身就是对他的教诲。

有为者辟①若掘井，掘井九轫②而不及泉，犹为弃井也。

——《尽心上》

【注】①辟：同"譬"。②九轫：轫，同"仞"，古代量词，一仞六尺或八尺，九例则相当于六七丈。

【译】做事好比掘井一样，掘到六七丈深还没有见水，仍然只是一口废井。

君子之所以教者五：有如时雨化之者，有成德者，有达财①者，有答问者，有私淑②艾③者。此五者，君子之所以教也。

——《尽心上》

【注】①财：通"材"。②淑：通"叔"，拾取。③艾（yì）：同"刈"，取。也就是说，淑、艾同义，"私淑艾"也就是"私淑"，意为私下拾取，指不是直接作为学生，而是自己仰慕而私下自学的。这也就是所谓"私淑弟子"的意思。

【译】君子教育人的方式有五种：有像及时雨一样滋润化育的；有成全品德的；有培养才能的；有解答疑问的；有以学识风范感化他人使之成为私淑弟子的。这五种，就是君子教育人的方式。

大匠不为拙工改废绳墨,羿不为拙射变其彀率①。君子引而不发,跃如也。中道而立,能者从之。

——《尽心上》

【注】①彀率:拉开弓的标准。

【译】高明的工匠不因为拙劣的工人而改变或者废弃规矩,绝不因为拙劣的射手而改变拉弓的标准。君子张满了弓而不发箭,只做出要射的样子。他恰到好处地做出样子,有能力学习的人便跟着他做。

孟子曰:"尽信书,则不如无书。吾于《武成》①,取二三策②而已矣。仁人无敌于天下,以至仁伐至不仁,而何其血之流杵③也?"

——《尽心下》

【注】①《武成》:《尚书》的篇名。现存《武成》篇是伪古文。②策:竹简。古代用竹简书写,一策相当于我们今天说一页。③杵(chǔ):舂米或捶衣的木棒。

【译】孟子说:"完全相信书,那还不如没有书。我对于《武成》这一篇书,就只相信其中的二三页罢了。仁人在天下没有敌手,以周武王这样极为仁道的人去讨伐商纣这样极不仁道的人,怎么会使鲜血流得可以漂起木棒呢?"

梓匠轮舆能与人规矩,不能使人巧。

——《尽心下》

【译】能工巧匠能够教会别人规矩法则,但不能够教会别人巧。

夫子之社科也,往者不追,来者不拒。苟以是心至,斯受之而已矣。

——《尽心下》

【译】您设科授徒的宗旨是,学生去了不追,愿来学习的不拒绝,只要是为了学习而来就行。您能保证其中没有一两个品行不正的人吗?

孔子曰:"圣则吾无能,我学不厌而教不倦也。"子贡曰:"学不厌,智也;教不倦,仁也。仁且智,夫子既圣矣。"

——《公孙丑上》

【译】孔子说:"圣人我是达不到。我只不过是教导别人不知厌倦,勤奋学习不知满足罢了。"子贡说:"勤奋学习,是智慧;耐心教诲,是仁爱。既有智慧又有仁爱之心,先生就是个圣人啊。"

四、论政治

1. 治国　使民

王！何必曰利？亦有仁义①而已矣。王曰，何以利吾国？大夫②曰，何以利吾家③？士庶人④曰何以利吾身？上下交征利而国危矣。万乘之国，弑其君者，必千乘⑤之家；千乘之国，弑其君者，必百乘之家。万取千焉，千取百焉，不为不多矣。苟为后义而先利，不夺不餍⑥。未有仁而遗其亲者也，未有义而后其君者也。王亦曰仁义而已矣，何必曰利？

——《梁惠王上》

【注】①仁义："仁"是儒家的一种含义广泛的道德观念，是各种善的品德的概括，核心指人与人相互亲爱。"义"，儒家学说指思想行为符合一定的准则。②大夫：先秦时代官职等级名，国君之下有卿、大夫、士三级。③家：大夫的封邑。封邑是诸侯封赐所属卿、大夫作为世禄的田邑（包括土地上的劳动者在内），又称采地。④士庶人：士和庶人。庶人即老百姓。⑤乘：量词，古代用四匹马拉的一辆兵车叫一乘，诸侯国的大小以兵车的多少来衡量。据刘向《战国策·序》说，战国末期的万乘之国有韩、赵、魏（梁）、燕、齐、楚、秦七国，千乘之国有宋、卫、中山以及东周、西周。至于千乘、百乘之家的"家"，则是指拥有封邑的公卿大夫，公卿封邑大，有兵车千乘；大夫封邑小，有兵车百乘。⑥餍：满足。

【译】大王！何必说利呢？只要说仁义就行了。大王说：'怎样使我

的国家有利?'大夫说:'怎样使我的家庭有利?'一般人士和老百姓说,
'怎样使我自已有利?'结果是在上位的人和在下位的人互相争夺利益,
国家就危险了啊! 在一个拥有一万辆兵车的国家里,杀害它国君的人,
一定是拥有一百辆兵车的大夫;在一个拥有一千辆兵车的国家里,杀害
它国君的人,一定是拥有一百辆兵车的大夫。这些大夫在一万辆兵车的
国家中就拥有一千辆,在一千辆兵车的国家中就拥有一百辆,他们的拥
有不算不多。如果以道义为后却以利益为先,不夺得国君的地位不会满
足。从来没有讲"仁"的人却抛弃父母的,从来也没有讲义的人却不顾君
王的。所以,大王只说仁义就行了,为什么一定说利呢?

《汤誓》①曰:"时②日害③丧,予及女④偕亡。"民欲与之偕亡,虽有台
池鸟兽,岂能独乐哉?

——《梁惠王上》

【注】①《汤誓》:《尚书》中的一篇。《尚书》是我国上古历史文件和部
分追述上古事迹著作的汇编,是儒家经典之一。《汤誓》这一篇,记载商
汤讨伐暴君夏王桀的誓词。传说,夏桀曾自比太阳,说太阳灭亡他才灭
亡。此章所引是百姓诅咒夏桀的话。②时:这。③害:同"曷",何时的意
思。④女:同"汝",你。

【译】《汤誓》中说:"这个太阳什么时候灭亡? 我们要跟你同归于尽!"
人民要跟他同归于尽,纵然拥有台池鸟兽,难道能独自享受到快乐吗?

狗彘食人食而不知检,涂①有饿莩②而不知发;人死,则曰,"非我也,岁也",
是何异于刺人而杀之,曰,"非我也,兵也"。王无罪岁,斯天下之民至焉。

——《梁惠王上》

【注】①涂：同"途"，路途。②莩(piǎo)：同"殍"，饿死的人。

【译】猪狗吃着人吃的粮食，却不知道制止；道路上有饿死的尸体，却不知道开仓赈济；人饿死了，却说"这不是我的责任，是收成不好"，这跟把人刺死了，却说"不是我杀的人，是兵器杀的"，又有什么两样呢。大王请您不要怪罪于年成不好，这样天下的百姓就会投奔到您这儿来了。

庖有肥肉，厩有肥马，民有饥色，野有饿莩，此率兽而食人也。兽相食，且人恶之①，为民父母，行政，不免于率兽而食人，恶在其为民父母也？仲尼曰："始作俑②者，其无后乎！"为其像人而用之也。如之何其使斯民饥而死也？

——《梁惠王上》

【注】①且人恶之：按现在的词序，应是"人且恶之"。且，尚且。②俑：古代用以殉葬的木偶或陶偶。在奴隶社会，最初用活人殉葬，由于社会生产力的发展，劳动力渐被重视，后来便改用俑来殉葬。孔子不了解这一情况，误认为先有俑殉，后有人殉，故对俑殉深恶痛绝。

【译】厨房里有肥嫩的肉，马棚里有壮实的马，老百姓面带饥色，野外有饿死的尸体，这如同率领着野兽来吃人啊！野兽自相残食，人们见了尚且厌恶，而身为百姓的父母，施行政事，却不免于率领野兽来吃人，这又怎能算是百姓的父母呢？孔子说过："最初造出陪葬用的木偶土偶的人，该会断子绝孙吧！"这是因为木偶土偶像人的样子却用来殉葬。那又怎么能让百姓们饥饿而死呢？

今王发政施仁，使天下仕者皆欲立于王之朝，耕者皆欲耕于王之野，商贾皆欲藏于王之市，行旅皆欲出于王之途，天下之欲疾其君者皆欲赴愬于王。其若是，孰能御之？

——《梁惠王上》

【译】现在大王发布政令、施行仁政，使得天下做官的人都想到大王的朝廷里任职，农夫都想到大王的田野里耕作，商人都想到大王的市场上做买卖，旅客都想在大王的道路上来往，各国痛恨他们国君的人都想跑来向您诉说。果真做到这样，谁能阻挡大王统一天下？

无恒产而有恒心者，惟士为能。若民，则无恒产，因无恒心。苟无恒心，放辟邪侈，无不为已。及陷于罪，然后从而刑之，是罔民也。焉有仁人在位罔民而可为也？是故明君制民之产，必使仰足以事父母，俯足以畜妻子，乐岁终身饱，凶年免于死亡。然后驱而之善，故民之从之也轻。

——《梁惠王上》

【译】没有固定的产业，却有稳定不变的思想，只有士人能做到。至于百姓，没有固定的产业，随之就没有稳定不变的思想。如果没有稳定不变的思想，就会胡作非为，坏事没有不干的了。等到犯了罪，然后就用刑法处置他们，这就像是安下罗网坑害百姓。哪有仁人做了君主可以用这种方法治理的呢？所以贤明的君主所规定的百姓的产业，一定要使他对上足够奉养父母，对下足够养活妻儿，好年成就终年能吃饱，坏年成也能免于饿死。这样之后督促他们一心向善，百姓也就乐于听从了。

今王鼓乐于此，百姓闻王钟鼓之声，管龠①之音，举疾首蹙頞②而相告曰："吾王之好鼓乐，夫何使我至于此极也？父子不相见，兄弟妻子离散。"今王田猎于此，百姓闻王车马之音，见羽旄③之美，举疾首蹙頞而相告曰："吾王之好田猎，夫何使我至于此极也？父子不相见，兄弟妻子离散。"此无他，不与民同乐也。

今王鼓乐于此，百姓闻王钟鼓之声，管龠之音，举欣欣然有喜色而相告曰："吾王庶几无疾病与，何以能鼓乐也？"今王田猎于此，百姓闻王车马之音，见羽旄之美，举欣欣然有喜色而相告曰："吾王庶几无疾病与，何以能田猎也？"此无他，与民同乐也。今王与百姓同乐，则王矣。

——《梁惠王上》

【注】①管龠：古管乐器名。龠，似笛而短小。②蹙頞：蹙，紧缩；頞，鼻梁。蹙頞，形容愁眉苦脸的样子。③羽旄：鸟羽和旄牛尾，古人用作旗帜上的装饰，故可代指旗帜。

【译】现在大王在这里奏乐，百姓听了大王钟鼓的声音，箫笛的曲调，全都头脑作痛，眉头紧皱，互相议论说："我们君王喜爱音乐，为什么使我们痛苦到这样的极点？父子不能相见，兄弟妻儿离散。"假设现在大王在这里打猎，百姓听到大王车马的声音，看到旗帜的华美，全都头脑作痛，眉头紧皱，互相议论说："我们君王喜欢打猎，为什么使我们痛苦到这样的极点？父子不能相见，兄弟妻儿离散。"这没有别的原因，是不和百姓共同快乐的缘故。

假设现在大王在这里奏乐，百姓听到钟鼓的声音，箫笛的曲调，都欢欣鼓舞，喜形于色，互相议论说："我们君王大概没什么病吧，不然怎么能奏乐呢?"假设现在大王在这里打猎,百姓听到君王车马的声音,看到旗帜的华美,都欢欣鼓舞,喜形于色,互相议论说:"我们君王大概没什么病吧,不然怎么能打猎呢?"这没有别的原因,是和百姓共同快乐的缘故。如果大王能和百姓共同快乐,那就能称王于天下了。

齐宣王问曰:"文王之囿方七十里,有诸?"孟子对曰:"于传有之。"曰:"若是其大乎?"曰:"民犹以为小也。"曰:"寡人之囿方四十里,民犹以为大,何也?"曰:"文王之囿方七十里,刍荛者往焉,雉兔者往焉,与民同之,民以为小,不亦宜乎? 臣始至于境,问国之大禁,然后敢入。臣闻郊关之内有囿方四十里,杀其麋鹿者如杀人之罪;则是方四十里为阱于国中,民以为大,不亦宜乎?"

——《梁惠王上》

【译】齐宣王问道:"文王的园林有七十里见方,有这事吗?"孟子答道:"在文献上有这样的记载。"宣王问:"竟有这么大吗?"孟子说:"百姓还觉得小了呢。"宣王说:"我的园林四十里见方,百姓还觉得大,这是为什么呢?"孟子说:"文王的园林七十里见方,割草砍柴的可以去,捕鸟猎兽的可以去,是与百姓共同享用的,百姓认为太小,不也是很自然的吗?我初到齐国边境时,问明了齐国重要的禁令,这才敢入境。我听说国都郊区之内有个园林四十里见方,杀了其中的麋鹿,就如同犯了杀人罪;这就像是在国内设下了一个四十里见方的陷阱,百姓认为太大了,不也是应该的吗?"

人不得，则非其上矣。不得而非其上者，非也；为民上而不与民同乐者，亦非也。乐民之乐者，民亦乐其乐；忧民之忧者，民亦忧其忧。乐以天下，忧以天下，然而不王者，未之有也。

——《梁惠王下》

【译】人们得不到这种快乐，就要抱怨他们的君主了。得不到就抱怨他们的君主，是不好的；作为百姓的君主却不与百姓同乐，也是不好的。君主把百姓的快乐当作自己的快乐，百姓也就会把君主的快乐当作自己的快乐；君主把百姓的忧患当作自己的忧患，百姓也就会把君主的忧患当作自己的忧患。乐，同天下人一起乐，忧，同天下人一起忧，这样还不能称王天下的，是从来不会有的。

齐宣王问曰："汤放桀①，武王伐纣②，有诸？"

孟子对曰："于传有之。"

曰："臣弑其君，可乎？"

曰："贼仁者谓之贼，贼义者谓之残；残贼之人谓之一夫。闻诛一夫纣矣，未闻弑君也。"

——《梁惠王下》

【注】①汤放桀：桀，夏朝最后一个君主，暴虐无道。传说商汤灭夏后，把桀流放到南巢。②武王伐纣：纣，商朝最后一个君主，昏乱残暴。周武王起兵讨伐，灭掉商朝，纣自焚而死。

【译】齐宣王问道："商汤流放夏桀，武王讨伐商纣，有这些事吗？"

孟子回答道："文献上有这样的记载。"

宣王问："臣子杀他的君主，可以吗？"

孟子说:"败坏仁的人叫贼,败坏义的人叫残;残、贼这样的人叫独夫。我只听说杀了独夫纣罢了,没听说臣杀君啊。"

君行仁政,斯民亲其上,死其长矣。

——《梁惠王下》

【译】您能施行仁政,百姓自然就会亲近他们的长官,愿为长官牺牲了。

苟为善,后世子孙必有王者矣。君子创业垂统,为可继也。若夫成功,则天也。君如彼何哉?强为善而已矣。

——《梁惠王下》

【译】君子创立基业,传给后世,是为了可以继承下去。至于能否成功,那就由天决定了。您怎样对付齐国呢?只有努力推行善政罢了。

且王者之不作,未有疏于此时者也;民之憔悴于虐政,未有甚于此时者也。饥者易为食,渴者易为饮。孔子曰:"德之流行,速于置邮而传命。"当今之时,万乘之国行仁政,民之悦之,犹解倒悬也。故事半古之人,功必倍之,惟此时为然。

——《公孙丑上》

【译】何况,统一天下的贤君没有出现,从来没有隔过这么久的;老百姓受暴政的压榨,从来没有这么厉害过的。饥饿的人不择食物,口渴的人不择饮料。孔子说:"道德的流行,比驿站传递政令还要迅速。"现在这个时候,拥有一万辆兵车的大国施行仁政,老百姓的高兴,就像被吊着的人得到解救一样。所以,做古人一半的事,就可以成就古人双倍的功绩。只有这个时候才做得到吧。

孟子曰:"以力假①仁者霸,霸必有大国。以德行仁者王,王不待②大,汤以七十里,文王以百里。以力服人者,非心服也,力不赡③也;以德服人者,中心悦而诚服也,如七十子之服孔子也。《诗》云:'自西自东,自南自北,无思④不服。此之谓也。"

——《公孙丑上》

【注】①假:借,凭借。②待:等待,引申为依靠。③赡:充足。④思:助词,无义。

【译】孟子说:"用武力而假借仁义的人可以称霸,所以称霸必须是大国。用道德而实行仁义的人可以使天下归服,使天下归服的不一定是大国,商汤王只有方圆七十里,周文王只有方圆一百里,用武力征服别人的,别人并不是真心服从他,只不过是力量不够罢了;用道德使人归服的,是心悦诚服,就像七十个弟子归服孔子那样。《诗经》说:'从西从东,从南从北,无不心悦诚服。'正是说的这种情况。"

孟子曰:"尊贤使能,俊杰在位,则天下之士皆悦,而愿立于其朝矣;市,廛①而不征②,法而不廛③,则天下之商皆悦,而愿藏于其市矣;关,讥而不征④,则天下之旅皆悦,而愿出于其路矣;耕者,助而不税⑤,则天下之农皆悦,而愿耕于其野矣;廛⑥,无夫里之布⑦,则天下之民皆悦,而愿为之氓⑧矣。信能行此五者,则邻国之民仰之若父母矣。率其子弟,攻其父母,自有生民以来未有能济者也。如此,则无敌于天下。无敌于天下者,天吏⑨也。然而不王者,未之有也。"

——《公孙丑上》

【注】①廛(chán):市中储藏或堆积货物的货栈。②征:征税。③法而不廛:指官方依据法规收购长期积压于货栈的货物,以保证商人的利益。④讥而不征:只稽查不征税。讥,查问。⑤助而不税:指"耕者九一"的井田制,只帮助种公田而不再收税。⑥廛:这里指民居,与"廛而不征"的"廛"所指不同。⑦夫里之布:古代的一种税收名称,即"夫布"、"里布",大致相当于后世的土地税、劳役税。⑧氓:指从别处移居来的移民。⑨天吏:顺从上天旨意的执政者。这里的"吏"不是指小官。

【译】孟子说:"尊重贤才,使用能人,杰出的人物都有职位,那么,天下的士人都乐于在这样的朝廷担任一官半职了;在市场上提供储货的地方却不征税,把滞销的货物依法收购不使积压,那么,天下的商人都乐于在这样的市场做生意了;海关只稽查而不征税,那么,天下的旅客都乐于在这样的路上旅行了;种庄稼只按井田制助耕公田而不再征税,那么,天下的农民都乐于在这样的土地上耕种了;居民区没有额外的土地税和劳役税,那么,天下的百姓都乐于成为这里的居民了。真正能够做到这五点,就连邻国的百姓都会把他当父母一样仰慕。如果有谁想率领这些百姓来攻打他,就好比率领子弟去攻打父母,自有人类以来就没有成功过的。假使这样,他就会天下无敌了。天下无敌的可叫做'天吏'。做到了这个程度还不能够使天下归服的,是从来没有过的。"

人皆有不忍人之心①。先王有不忍人之心,斯有不忍之政矣。以不忍人之心,行不忍人之政,治天下可运之掌上。

——《公孙丑上》

【注】①不忍人之心：怜悯心，同情心。

【译】每个人都有怜悯体恤别人的心情。先王由于怜悯体恤别人的心情，所以才有怜悯体恤百姓的政治。用怜悯体恤别人的心情，施行怜悯体恤百姓的政治，治理天下就可以像在手掌心里面运转东西一样容易了。

民之为道也，有恒产者有恒心，无恒产者无恒心。苟无恒心，放僻邪侈，无不为已。及陷乎罪，然后从而刑之，是罔民也。焉有仁人在位，罔民而可为也？是故贤君必恭俭、礼下，取于民有制。

——《滕文公上》

【译】人民有一个基本情况：有一定的财产收入的人，才有一定的道德观念和行为准则，没有一定的财产收入的人，便不会有一定的道德观念和行为准则。假若没有一定的道德观念和行为准则，就会胡作非为，违法乱纪，什么坏事都干得出来。等到他们犯了罪，然后加以惩罚，这等于陷害百姓。哪有仁爱的人坐朝，却做出陷害百姓的事呢？所以贤明的君主一定认真办事、节省费用、有礼貌地对待部下，尤其是征收赋税，要有一定的制度。

夫仁政，必自经界始。经界不正，井底不钧，谷禄不平。是故暴君污吏必慢其经界。经界既正，分田制禄可坐而定也。

——《滕文公上》

【译】行仁政，一定要从划分、确定田界开始。田界不正，井田（的面积）就不均，作为俸禄的田租收入就不公平，因此暴君污吏必定要搞乱田地的界限。田界划分正确了，那么分配井田，制定俸禄标准，就可轻而易举地办妥了。

无君子，莫治野人；无野人，莫养君子。

——《滕文公上》

【译】没有君子，就没有人来治理农夫；没有农夫，就没有人来供养君子。

离娄①之明、公输子②之巧，不以规矩，不能成方圆；师旷③之聪，不以六律④，不能正五音⑤；尧舜之道，不以仁政，不能平治天下。今有仁心仁闻⑥而民不被其泽，不可法于后世者，不行先王之道也。故曰，徒善不足以为政，徒法不能以自行。

——《离娄上》

【注】①离娄：相传为黄帝时人，目力极强，能于百步之外望见秋毫之末。②公输子：即公输班（"班"也被写成"般"、"盘"），鲁国人，所以又叫鲁班，古代著名的巧匠。约生活于鲁定公或者哀公的时代，年岁比孔子小，比墨子大。事迹见于《礼记·檀弓》、《战国策》、《墨子》等书。③师旷：春秋时晋国的乐师，古代极有名的音乐家。事迹见于《左传》、《礼记》、《国语》等。④六律：中国古代将音律分为阴律、阳律两部分，各有六种音，六律即阳律的六音，分别是太簇、姑洗、蕤宾、夷则、无射、黄钟。⑤五音：中国古代音阶名称，即宫、商、角、徵、羽，相当于简谱中的1、2、3、5、6这五音。⑥闻：名声。

【译】即使有离娄那样好的视力，公输子那样好的技巧，如果不用圆规和曲尺,也不能准确地画出方形和圆形;即使有师旷那样好的审音力,如果不用六律,也不能校正五音;即使有尧舜的学说,如果不实施仁政,也不能治理好天下。现在有些诸侯,虽然有仁爱的心和仁爱的名声,但老百姓却受不到他的恩泽,不能成为后世效法的楷模,这是因为他没有实施前代圣王的仁政的缘故。所以说,只有好心,不足以治理政治;只有好办法,好办法不能够自己实行起来。

为高必因丘陵,为下必因川泽;为政不因先王之道,可谓智乎?

——《离娄上》

【译】筑高台一定要凭借山陵;挖深池一定要凭借山沟沼泽;如果执政不凭借前代圣王的办法,能够说是明智吗?

城郭不完,兵甲不多,非国之灾也;田野不辟,货财不聚,非国之害也。上无礼,下无学,贼民兴,丧无日矣。

——《离娄上》

【译】城墙不坚固,武器不充足,这不是国家的灾难;田野没开辟,物资不富裕,这不是国家的祸害;如果在上位的人没有礼义,在下位的人没有教育,违法乱纪的人越来越多,国家的灭亡也就快了。

今也欲无敌于天下而不以仁,是犹执热而不以濯也。

——《离娄上》

【译】现在的人既想无敌于天下却又不行仁道。这就好像既热得受不了却又不愿意洗澡一样。

桀纣之失天下也，失其民也；失其民者，失其心也。得天下有道：得其民，斯得天下矣；得其民有道：得其心，斯得民矣；得其心有道：所欲与之聚之，所恶勿施，尔也①。民之归仁也，犹水之就下、兽之走圹②也。故为渊驱鱼者，獭也；为丛驱爵③者，鹯④也；为汤武驱民者，桀与纣也。今天下之君有好仁者，则诸侯皆为之驱矣。虽欲无王，不可得已。

——《离娄上》

【注】①尔也：如此罢了。②圹：同"旷"，旷野。③爵：同"雀"。④鹯：一种像鹞鹰的猛禽。

【译】桀和纣之所以失去天下，是因为失去了老百姓的支持；之所以失去老百姓的支持，是因为失去了民心。获得天下有办法：获得老百姓的支持，便可以获得天下；获得老百姓的支持有办法：获得民心，便可以获得老百姓的支持；获得民心也有办法：他们所希望的，就满足他们，他们所厌恶的，就不强加在他们身上。如此罢了。老百姓归服仁德，就像水往低处流，兽向旷野跑一样。所以，替深池把鱼赶来的是吃鱼的水獭；替森林把鸟雀赶来的是吃鸟雀的鹯鹰；替商汤王、周武王把老百姓赶来的是残害老百姓的夏桀和殷纣王。当今之世，如果有哪位诸侯喜好仁德，那么，其他诸侯都会替他把老百姓赶来。就是他不想统一天下，也会身不由己了。

欲为君，尽君道；欲为臣，尽臣道：二者皆法尧舜而已矣。不以舜之所以事尧事君，不敬其君者也，不以尧之所以治民，贼其民者也。

——《离娄上》

【译】要做国君,就应尽国君之道,要做臣属,就应尽臣属之道,这两者都效法尧、舜就行了。不用舜侍奉尧的做法来侍奉君主,就是对自己君主的不恭敬;不用尧治理百姓的做法来统治百姓,就是残害百姓。

为政不难,不得罪于巨室①;巨室之所慕,一国慕之;一国之所慕,天下慕之。故沛②然德教溢乎四海。

——《离娄上》

【注】①巨室:指贤明的卿大夫家。这里指贤明的卿大夫。②沛:大。

【译】治理国政并不难,只要不得罪那些贤明的卿大夫们就可以。因为他们所仰慕的,整个国家都会仰慕;整个国家所仰慕的,天下的百姓就会仰慕,这样的话道德教化就可以浩浩荡荡地充满各个地方了。

人不足与逋①也,政不足间②也。惟大人为能格③君心之非;君仁莫不仁,君义莫不义,君正莫不正;一正君而国定矣。

——《离娄上》

【注】①逋(zhé):同"谪",批评、指责。②间(jiàn):非议。③格:纠正。

【译】人事不值得过于指责,政事不值得过于非议。只有君子才能够纠正国君内心的错误。国君仁,就没有人不仁;国君义,就没有人不义;国君正,就没有人不正。因此,只要国君品行端正,国家就安定了。

天下不心服而王者,未之有也。

——《离娄下》

【译】天下的人不心服而想统一天下,这是不可能的。

君子平其政，行辟①人可也，焉得人人而济之？故为政者，每人而悦之，日亦不足矣。

——《离娄下》

【注】①辟：开辟，即开道的意思。

【译】在上位的人只要把政事治理好，就是出门鸣锣开道都可以，怎么能够去帮助百姓一个一个地渡河呢？如果执政的人要去讨得每个人的欢心，那时间可就太不够用了。

周公思兼三王以施四事；其有不合者，仰而思之，夜以继日；幸而得之，坐以待旦。

——《离娄下》

【译】周公想要兼有三代圣王的功业，实践四个方面的美德；要是有不合当时情况的，就仰首思索，夜以继日；幸而想通了，就坐等天亮。

以佚道使民，虽劳不怨。以生道杀民，虽死不怨杀者。

——《尽心上》

【译】如果役使老百姓是为了使他们生活安逸，老百姓即使劳苦也不会怨恨。如果杀人是为了使老百姓得以生存，那人即使被杀也不会怨恨杀他的人。

霸者之民骧虞如也，王者之民皡皡如也。杀之而不怨，利之而不庸，民日迁善而不知为之者。夫君子所过者化，所存者神，上下与天地同流，岂曰小补之哉？

——《尽心上》

【译】霸主，所以他的老百姓欢喜快乐；圣王，所以他的老百姓心情舒畅。百姓被杀也不怨恨；得到好处也不知是谁的功绩；老百姓每天向好的方面发展，也不知是谁让他们如此。圣人经过的地方，使百姓得到教化；圣人所在的国度，其教化如神。圣王之政浩浩荡荡，上与天，下与地同时运转，怎么能说是小小的补益呢？

仁言不如仁声之入人深也，善政不如善教之得民也。善政，民畏之；善教，民爱之。善政得民财，善教得民心。

——《尽心上》

【译】仁德的言语赶不上仁德的音乐入人心之深，良好的政治赶不上良好的教育那样获得民心。良好的政治，老百姓怕它；良好的教育，老百姓爱它。良好的政治可以获得老百姓的财富，良好的教育则能获得老百姓的心。

易其田畴，薄其税敛，民可使富也。食之以时，用之以礼，财不可胜用也。民非水火不生活，昏暮叩人之门户求水火，无弗与者，至足矣。圣人治天下，使有菽粟如水火。菽粟如水火，而民焉有不仁者乎？

——《尽心上》

【译】耕种好田地，减轻税收，就可以使老百姓富足。按时食用，依礼消费，那财物是不会用尽的。老百姓没有水和火，就不能生活，黄昏傍晚敲别人的门去要水和火，没有不给的，为什么呢？因为水、火极多的缘故。圣人治理天下，使粮食如同水、火一样多。如果粮食如同水、火一样多了，哪里会有老百姓不仁爱的呢？

民为贵，社稷次之，君为轻。是故得乎丘民而为天子，得乎天子为诸侯，得乎诸侯为大夫。诸侯危社稷，则变置，牺牲既成，粢盛既絜，祭祀以时，然而旱干水溢，则变置社稷。

——《尽心下》

【译】人民最为重要，江山社稷为次，国君为轻。所以能得到广大百姓的欢心，便能成为天子；能得到天子的欢心，便能成为诸侯；能得到诸侯的欢心，便能成为大夫。如果诸侯危害国家，那就改立诸侯。如果祭祀用的牲畜既肥又壮，祭祀用的谷物既多又干净，且按时祭祀，但是还在遭受干旱、水涝之害，那就改立土谷之神。

有布缕之征，粟米之征，力役之征。君子用其一，缓其二。用其二而民有殍，用其三而父子离。

——《尽心下》

【译】有征收布帛的赋税，有征收粟米的赋税，有征发人力的赋税。君子在三者之中只用其中的一种，而暂时不用另两种。如果并用其中的二种，百姓之中便会有人饿死；如果三种同时并用，便会使人父子离散。

诸侯之宝三：土地，人民，政事。宝珠玉者，殃必及身。

——《尽心下》

【译】诸侯的宝物有三样：国土，人民，惠政。如果视珠玉为宝物，那祸害便会降到他身上。

2. 任人 尊贤

所谓故国者,非谓有乔木之谓也,有世臣之谓也。

——《梁惠王下》

【译】那些历史悠久盛名远扬的国家,并非指国境内有枝叶参天的千年古树,而是因为有一些世代辅佐忠心耿耿的老臣。

左右皆曰贤,未可也;诸大夫皆曰贤,未可也;国人皆曰贤,然后察之;见贤焉,然后用之。左右皆曰不可,勿听;诸大夫皆曰不可,勿听;国人皆曰不可,然后察之;见不可焉,然后去之。左右皆曰可杀,勿听;诸大夫皆曰可杀,勿听;国人皆曰可杀,然后察之,见可杀焉,然后杀之。故曰,国人杀之也。如此,然后可以为民父母。

——《梁惠王下》

【译】左右亲近说某人贤明,不一定对;堂下大臣都说他贤明,也不一定对;平民百姓都说他贤明,就应该去实际考察了,若是果真贤明,便任用他担当一定职务。左右亲近说某个人不称职,不要相信;堂下大臣也都说此人不称职,还不能轻信;直到平民百姓都认为此人不行,这时就该实际调查了,若果真不称职,便免除其所任职务。左右亲信说某人该死,不能轻信;堂下大臣也说他该死,还不可轻信;平民百姓都说他该死,就派人检查一番,发现他果真罪不可赦然后才能杀他。这就叫全国百姓杀人。大王若能这样做的话,就是一个合格的君主了。

为巨室，则必使工师求大木。工师得大木，则王喜，以为能胜其任也。匠人斫而小之，则王怒，以为不胜其任矣。夫人幼而学之，壮而欲行之，王曰："姑舍女所学而从我"，则何如？今有璞玉于此，虽万镒，必使玉人雕琢之。至于治国家，则曰："姑舍女所学而从我"，则何以异于教玉人雕琢玉哉？

——《梁惠王下》

【译】要盖一大房子，一定先派总管去找大木料。总管找来了大木料，大王就高兴，认为他能很好地履行职责。木匠刀削斧砍之后木料变小了，国王就生气，认为木匠干不了这种活。人家从小就开始学习这门手艺，出徒之后要干了，大王却命令："忘记你先前学的，听我的指挥"，这样合适吗？就好比这里有块玉料，虽然价值万镒，也必须经过玉匠雕刻琢磨才能合用。至于治理国家，也说："忘了你原来学的，只服从我就行了。"这就跟一个外行人教导玉匠怎么雕琢玉器有什么两样？

故将大有为之君，必有所不召之臣；欲有谋焉，则就之。其尊德乐道，不如是，不足以有为也。故汤之于伊尹，学焉而后臣之，故不劳而王；桓公之于管仲，学焉而后臣之，故不劳而霸。今天下地丑德齐，莫能相尚，无他，好臣其所教，而不好臣其所受教。汤之于伊尹，桓公之于管仲，则不敢召。管仲且犹不可召，而况不为管仲者乎？

——《公孙丑下》

【译】所以说，那些有大作为的君王，肯定会有一些不敢召唤的臣子，若是有事商量，只能屈尊前往。尊重品德、安守道义要是达不到这种程度，就不能算是有大作为的君主。所以商汤对于伊尹，是先去学习请教，然后才拜请出来辅佐自己，因此没费多大精力便统一了天下；齐桓公对于管仲，也是先学习然后才请出来当大臣的，同样也没费劲，就称霸于诸侯之中。现今天下各国，土地面积差不了多少，君主的品行也是同样水平，没有一个能值得人尊敬。这没有别的原因，只是这些君主们只喜欢臣子听他教诲，而不喜欢听取贤明大臣的指教。商汤对伊尹，桓公对管仲，就不敢随便召请。连管仲这类人都不受召唤，更何况我这个根本看不起管仲的老臣呢？

尧以不得舜为己忧，舜以不得禹、皋陶为己忧。夫以百亩之不易为己忧者，农夫也。分人以财谓之惠，教人以善谓之忠，为天下得人者谓之仁。是故以天下与人易，为天下得人难。

——《公孙丑下》

【译】尧因为得不到舜而忧愁，舜因为找不到皋陶和大禹而烦恼。而那些仅仅因为一百亩土地的不容易耕种才担心的人，是普通农民罢了。把财物分给别人叫惠，教育别人干好事叫忠，为天下百姓寻求合适的管理人才叫仁。所以把天下大事交付给别人是件容易事，但找一个贤明君子来接受就不是件容易事了。

是以惟仁者宜在高位。不仁而在高位，是播其恶于众也。

——《离娄上》

【译】所以只有仁慈的人才应该居于统治地位。如果不仁慈的人占据了统治地位，就会把他的恶行败德传播给老百姓。

君之视臣如手足,则臣视君如腹心;君之视臣如犬马,则臣视君如国人;君之视臣如土芥,则臣视君如寇仇。

——《离娄下》

【译】国君将臣子当自己的手足一般看待,那么为臣子的自然将国君看作是自己的腹心;国君将臣子当狗马一般看待,那么为臣子的自然将国君看作一般人;国君将臣子当泥土草芥一般看待,那么为臣子的自然将国君看作敌寇仇人。

无罪而杀士,则大夫可以去;无罪而戮民,则士可以徙。

——《离娄下》

【译】士人没有罪而被杀,大夫见了,必然另谋高就;老百姓没有罪而被杀,士人见了,必然另择其主。

禹恶旨酒而好善言。汤执中,立贤无方。文王视民如伤,望道而未之见。武王不泄迩,不忘远。周公思兼三王,以施四事;其有不合者,仰而思之,夜以继日;幸而得之,坐以待旦。

——《离娄下》

【译】大禹不喜欢美酒,却喜欢好的言论。商汤持中正之道,任用贤能之人不依照一定的常规。周文王对待老百姓,犹如他们受到伤害一样加以抚慰,却不侵扰他们,追求自己心中的理想却如同没有看到一样。周武王不狎侮朝廷中的近臣,不遗忘朝廷之外的四方远臣。周公旦想要兼学夏、商、周三代的君王,来实施大禹、商汤、周文王、周武王所行之事;

如果有与当时形势不符合的,就抬头向天进行思考,白天想不好的,夜里就接着思考;如果侥幸想通了,便坐着等待天亮之后,马上去实施。

尧之于舜也,使其子九男事之,二女女焉,百官牛羊仓廪备,以养舜于畎亩之中,后举而加诸上位,故曰,王公之尊贤者也。

——《万章下》

【译】尧对于舜,让他的九个儿子向他学习,并将两个女儿嫁给他,而且各种官吏、牛羊以及仓库无不具备,使得舜在四野之中得到很好的侍奉,然后提拔他使他处于很高的职位。所以说,这是王公尊敬贤人的典型。

欲见贤人而不以其道,犹欲其入而闭之门也。夫义,路也;礼,门也。惟君子能由是路,出入是门也。

——《万章下》

【译】想接见贤人却不遵守礼节,这就像要他进来却关闭着大门一样。义好比是大路,礼好比是大门。只有君子由这一条道路行走,由这处大门进出。

虞不用百里奚而亡,秦穆公用之而霸。不用贤则亡,削何可得与?

——《告子下》

【译】虞国不用百里奚而亡了国,秦穆公用了他便成为霸主。不用贤人便会亡国,割让点地方办得到吗?

长君之恶其罪小,逢君之恶其罪大。今之大夫皆逢君之恶,故曰,今之大夫,今之诸侯之罪人也。

——《告子下》

【译】主有不对的地方,臣不加以助长,这罪行还算小的;如果君主有不对的地方,臣下加以逢迎,这罪行就大了。现在的大夫都逢迎君主的不对之处,所以说,现在的大夫,对于现在的诸侯来说,又是有罪之人。

士止于千里之外,则谗谄面谀之人至矣。与谗谄而谀人之人居,国欲治,可得乎?

——《告子下》

【译】士人在千里之外停步不来,那些阿谀奉承的人就会来的。同阿谀奉承的人一起共事,想把国家治理好,能做得到吗?

古之贤王好善而忘势;古之贤士何独不然? 乐其道而忘人之势,故王公不致敬尽礼,则不得亟见之。见且由不得亟,而况得而臣之乎?

——《尽心上》

【译】古代的贤能君主喜欢好言善行,因而忘记了自己的富贵权势;古代的贤能之士何尝不是这样呢? 乐于走他自己的道路,因而就忘记了别人的富贵权势,所以王公如果不对他恭敬尽礼,就不能与他多次相见。相见的次数尚且不够多,更何况要他作为臣下呢?

君子居是国也,其君用之,则安富尊荣;其子弟从之,则孝悌忠信。"不素餐兮",孰大于是?

——《尽心上》

【译】君子居住在一个国家,他的国君任用他,就会得到平安、富足、尊贵、荣誉;他的子弟信从他,就会孝敬父母、尊敬兄长、忠于君主、守信用。"不白吃饭",还有比这更好的事吗?

于不可已而已者,无所不已。于所厚者薄,无所不薄也。其进锐者,其退速。

——《尽心上》

【译】对于不可以停止的事情却停止了,那就没有什么不可以停止的了;对于应当厚待的人却薄待他,那就没有谁不可以薄待的了。前进迅猛的人,后退也就迅速。

不信仁贤,则国空虚;无礼义,则上下乱;无政事,则财用不足。

——《尽心下》

【译】不信任仁德贤能之人,国家就会没有仁德贤能之人;没有礼义,上下之间的关系就会混乱;没有好的政事,国家的财物就会不够用。

3. 外交 征伐

齐宣王问曰:"交邻国有道乎?"

孟子对曰:"有。惟仁者为能以大事小,是故汤事葛,文王事昆夷。

惟智者为能以小事大,故太王整事獯鬻,勾践事吴。以大事小者,乐天者也;以小事大者,畏天者也。乐天者保天下,畏天者保其国。"

——《梁惠王下》

【译】齐宣王问:"结交邻国有什么原则吗?"

孟子回答:"有的。只是仁慈的君主才能以大国身份去为小国谋划,所以有商汤王曾经服务于葛国,周文王善待昆夷人。只有聪明的君主才能以小国身份为大国尽力,所以太王谨慎地结交猃狁、越王勾践恭顺地去吴国听从安排。以大的服从小的,是自然而然地符合了万物运行的规律;以小的服从大的,是因敬畏而遵循了自然的正常规律。前者可以拥有天下并保持安定,后者可以拥有自己的小国并维持其安宁。"

取之而燕民悦,则取之。古之人有行之者,武王是也。取之而燕民不悦,则勿取,古之人有行之者,文王是也。以万乘之国伐万乘之国,箪食壶浆以迎王师,岂有它哉?避水火也。如水益深,如火益热,亦运而已矣。

——《梁惠王下》

【译】占领燕国后他们的百姓高兴,就说明应该占领,从前武王兴兵伐纣王,就是这种情况。占领之后燕国百姓不高兴,就说明不该去侵占,从前周文王没有兴兵伐纣就属于这种情况。以万乘战车的大国起兵去讨伐另一个同样的大国,他们的百姓用篮子盛着干粮,举着壶里的美酒夹道欢迎大王的军队,什么原因呢?盼着能脱离水深火热的悲惨境地罢了。要是从此后水更深,火更热,生活更加悲惨痛苦,也只是换了一个国君罢了,命运并没有改变,当然新统治者遭讨伐的命运也不可避免。

《书》曰:"汤一征,自葛始。"天下信之,东面而征,西夷怨;南面而征,北狄怨曰:"奚为后我?"民望之,若大旱之望云霓也。归市者不止,耕者不变。诛其君而吊其民,若时雨降。民大悦。《书》曰:"徯我后,后来其苏。"

——《梁惠王下》

【译】《书经》记载:"商开始时是首先征讨葛国。"当时天下百姓都等候着他的消息,他向东征,西边的百姓不满意,他向南征,北边的百姓不高兴,纷纷埋怨:'为什么把我们这里安排在后面呢!'可见百姓们盼着他的到来,就好像是久旱之时盼着天上飘来云彩一样。商汤的征伐,商贩们仍然做买卖,农民仍是种地,只杀那些暴君、解救处于苦难中的百姓,这就像是及时雨的到来,百姓们自然欢欣鼓舞。《尚书》上说:"等到商汤王来到,我们也就得救了。"

天时不如地利,地利不如人和。三里之城,七里之郭,环而攻之而不胜。夫环而攻之,必有得天时者矣;然而不胜者,是天时不如地利也。城非不高也,池非不深也,兵革非不坚利也,米粟非不多也,委而去之,是地利不如人和也。故曰:域民不以封疆之界,固国不以山溪之险,威天下不以兵革之利。得道者多助,失道者寡助。寡助之至,亲戚畔之;多助之至,天下顺之。以天下之所顺,攻亲戚之所畔,故君子有不战,战必胜矣。

——《公孙丑下》

【译】天气形势比不上地理的有利因素,地形的有利比不上人民的同心协力。内城三里、外城七里的小城,有包围攻击而不能获胜的情况。包围起来实施攻击,肯定也会遇到天气形势有利的时候,但仍不能取胜,这就是天时不如地利了。城墙足够高,壕沟足够深,又有坚韧的盾牌与锋利的兵刃,加上充足的粮食储备;然而一交战,兵士们恐惧得献出兵刃城池而逃跑了,这就是地利不如人和了。所以说:控制百姓不能仅靠边境守卫,巩固国家也不能单凭高山险关,扬威于天下不仅凭借武器的精良。遵循道义的人会有很多协助者,违背道义的人没有谁去追随。拥护的人少到极点,连亲戚朋友都会叛离;协助的人多到极点,天下的人都愿顺从。用天下都愿归顺的身份去攻伐众叛亲离的人,贤明君主也许不选择战争方式,但只要是开战,则必胜无疑。

君不行仁政而富之,皆弃于孔子者也,况于为之强战?争地以战,杀人盈野;争城以战,杀人盈城,此所谓率土地而食人肉,罪不容于死。故善战者服上刑,连诸侯者次之,辟草莱、任土地者次之。

——《离娄下》

【译】不辅佐君主施行仁政,只会千方百计地帮君主搜刮财富的人,都是为孔子所鄙弃的,更何况那些帮着君主四处征战的人!以战争取得耕地,杀死的人布满田野;以战争夺取城池,杀死的人充满街道;这就是放纵对土地的占有欲望而去吃食人肉,其罪恶之大连死亡都难以抵消。所以,善于打仗的人罪恶最重,鼓动诸侯联合征伐到处混战的人罪恶稍轻一些,替君主驱使百姓开荒种地以便从中掠夺财富的人,罪过再轻一等。

五霸者,三王之罪人也;今之诸侯,五霸之罪人也。

——《告子下》

【译】春秋五霸,对于三王来说,是有罪之人。

不教民而用之,谓之殃民。殃民者,不容于尧舜之世。

——《告子下》

【译】不先教导老百姓却让他们去打仗,这叫作祸害老百姓。祸害老百姓的人,在尧舜的时代是不会被容纳的。

徒取诸彼以与此,然且仁者不为,况于杀人以求之乎?

——《告子下》

【译】不用兵力而白白地取自那个国家而送给这个国家,仁人尚且不干,何况杀人来求得土地呢?

今之事君者皆曰:"我能为君辟土地,充府库。"今之所谓良臣,古之所谓民贼也。君不乡道,不志于仁,而求富之,是富桀也。"我能为君约与国,战必克。"今之所谓良臣,古之所谓民贼也。君不乡道不志于仁,而求为之强战,是辅桀也。由今之道,无变今之俗,虽与之天下,不能一朝居也。

——《告子下》

【译】现在侍奉君主的人都说:"我能够替君主开辟国土,充实府库。"现在的所谓良臣,正是古代的所谓祸害百姓的人。君主不向往道德,无意于仁,却让他钱财富足,这是让夏桀钱财富足呀。"我能够给君主邀结盟国,每战必胜。"现在的所谓良臣,正是古代的所谓祸害百姓的人。君主不向往道德,无意于仁,却去替他勉强作战,这等于是辅佐夏桀。从现在的道路走下去,也不改变现在的风俗,即使把整个天下给他,他也不能坐稳一个早晨。

孟子曰:"不仁哉梁惠王也！仁者以其所爱及其所不爱,不仁者以其所不爱及其所爱。"

公孙丑问曰:"何谓也?"

"梁惠王以土地之故,糜烂其民而战之,大败,将复之,恐不能胜,故驱其所爱子弟以殉之,是之谓以其所不爱及其所爱也。"

——《尽心下》

【译】孟子说:"梁惠王真是不仁呀！仁人把他对待喜爱的人的恩惠推及到他不喜爱的人身上,不仁的人把他对待不喜爱的人的祸害推及到他喜爱的人身上。"

公孙丑问道:"这话是什么意思呢?"

孟子答道:"梁惠王因为要扩张土地的原因,驱使他所不喜爱的百姓去作战,使他们的骨肉糜烂,结果被打得大败。他还要再战,又恐怕不能获胜,于是便驱使他喜欢的子弟上战场作殉葬品,这便叫作把他对待不喜爱的人的祸害推及到他喜爱的人身上。"

孟子曰:"春秋无义战。彼善于此,则有之矣。征者,上伐下也。敌国不相征也。"

——《尽心下》

【译】孟子曰:"春秋时代没有什么正义战争。至于那国的国君比这国的国君要好一些,那是有的。征讨的意思是指上级讨伐下级,相互敌对的国家之间是不能互相征讨的。"

有人曰："我善为陈,我善为战。"大罪也。国君好仁,天下无敌焉。南面而征,北夷怨;东面而征,西夷怨,曰："奚为后我?"武王之伐殷也,革车三百辆,虎贲三千人。王曰："无畏! 宁尔也,非敌百姓也。"若崩厥角稽首。征之为言正也,各欲正己也,焉用战?

——《尽心下》

【译】有人说:"我擅长于布阵,我擅长于作战。"其实这是最大的罪恶。国君如果喜爱仁义,那么天下便会没有可匹敌之人。征讨南方,北方的人便生怨气;征讨东方,西方的人便生怨气,说:"为什么把我们这里放在后边?"周武王讨伐殷朝,兵车三百辆,勇士三千人。周武王说:"不要害怕,我是来使你们安定的,不是与你们为敌的。"百姓便把额头触地,叩起头来,其声音犹如山陵崩塌一般。征的意是正,各人都想端正自己,哪里用得着战争呢?